L'ORACLE DU Couple Allié®

Illustrations : © Valentine Bousseau.
Maquette et mise en pages : Bénédicte Souffrant – PCA-CMB.

ISBN : 978-2-7029-2935-3

Imprimé en Chine.

www.editions-tredaniel.com
info@guytredaniel.fr
www.facebook.com/tredanieleso
@tredaniel_eso

Maureen Mellet

Illustré par Valentine Bousseau

L'ORACLE DU Couple Allié®

LE COURRIER DU LIVRE

27, rue des Grands-Augustins
75006 Paris

Sommaire

Introduction 7
Comment utiliser cet oracle ? 9
Tirage de l'oracle 11

LA SIGNIFICATION DES CARTES ORACLE

À cœur ouvert 17
Allié·e·s avant tout 23
Assumez-vous 29
Au rythme des saisons 35
Cache-cache 41
Câlin-câlinou 49
Célébration de l'union 55
Couple Allié® 61
Couple créateur 67
Couple de demain 73
De la différence naît la puissance 81
Dialogue restauratif 87
Enfance, te revoilà 95
Engagement conscient 101
Ensemble, coresponsables 107
Et si on s'accordait ? 113

Exploration érotique 119
Gardien·ne de ton âme 127
Humilité 135
Je te demande pardon 141
Je te tiens 147
Je te vois 155
Jeu dangereux 163
Justice du lien 169
L'amour paisible 175
L'art de t'écouter 181
L'épreuve du doute 189
La danse du Tao 195
La responsabilité amoureuse 203
La routine et ses trésors 209
Le cadeau 217
Le Symbiote 223
Les Fous sacrés 229
Libre à tes côtés 235
Offrande à toi, mon Allié·e 241
Reflet de mon âme 247
Réinvestir notre présent 253
Tu te rappelles ? 259

Remerciements 265

Présentation de l'auteur 267

Présentation de l'illustratrice 269

Introduction

J'ai décidé de créer cet oracle notamment dans le but de servir la relation du couple et d'initier les personnes qui en ressentiront l'appel à la philosophie Couple Allié®. Il s'adresse aux personnes désireuses d'apporter davantage de conscience sur leur relation amoureuse et souhaitant se responsabiliser pour le bien de leur relation et du monde dont ils·elles font partie.

L'intention de cet oracle est de pouvoir cheminer l'un·e *pour* l'autre et de remettre ainsi, ensemble, la relation de votre couple au centre de vos pré-occupations. Apprendre à incarner l'Allié·e que vous rêveriez d'avoir à vos côtés. Vous remettre en question. Mieux honorer la personne qui chemine à vos côtés. Développer votre indulgence et votre bienveillance. Savoir transformer vos conflits en opportunités de grandir. Honorer et célébrer votre Nous. En soi, cet oracle est un outil en vue de vous offrir une nouvelle vision du couple : celle de vous percevoir comme des Allié·e·s faisant partie d'une même équipe. Celle d'entrevoir l'expérience du couple comme un voyage initiatique. Celle de faire de la philosophie Couple Allié® un nouvel art de vivre qui saura prendre soin de votre relation.

J'espère de tout cœur qu'il saura illuminer votre chemin amoureux de ses enseignements, de sa magie et de ses prises de conscience.

Vous constaterez également que j'emploie le terme « Allié·e » régulièrement et non point « partenaire » ou « compagnon ». Parce que je souhaite du plus profond de mon cœur que vous puissiez vous rappeler que cette personne pour qui votre cœur bat – et qui semble parfois réveiller en vous des émotions et sensations inconfortables – est bel et bien votre Allié·e, et non point votre ennemi·e.

Et pour celles et ceux qui souhaiteraient mieux saisir les fondements de la philosophie Couple Allié® et s'initier à ses principes, je vous invite à découvrir mon livre *Quand le couple répare* publié aux éditions Solar.

Comment utiliser cet oracle ?

Avant sa première utilisation, je vous conseille vivement de vous imprégner de son énergie et d'y déposer également les vôtres. Peut-être pouvez-vous purifier l'oracle avec de la sauge blanche ou du bois de palo santo.

Dans un second temps, je vous invite à le prendre entre vos mains et à poser l'intention d'entrer en connexion avec lui, en le remerciant par avance pour ses précieuses guidances à venir et en saluant sa Médecine.

Si vous êtes un couple, il me semble important que chacun·e puisse le prendre entre ses mains et y déposer quelques prières si nécessaire.

Cet oracle peut être utilisé de plusieurs manières.

La première – et c'est pour cela qu'il a été créé –, c'est évidemment en couple. Vous pouvez décider ensemble de tirer une carte, voire plusieurs, et cela régulièrement. De manière générale, avant de procéder à un tirage, je vous recommande vivement de ritualiser cette pratique. C'est-à-dire d'ancrer ce moment en procédant à de petits gestes qui se répètent systématiquement et qui ont pour chacun·e d'entre vous un sens véritable. Il peut s'agir de tamiser les lumières, d'allumer un peu d'encens ou quelques bougies, de mettre un fond de musique, de prendre de profondes respirations, de vous regarder droit dans les yeux. Puis, dans un second temps, vous pouvez :

- Soit désigner l'un·e de vous deux pour battre les cartes et laisser tomber celles qui viennent à vous, en considérant que là est le message qui vous est délivré. Celui pour votre Nous.
- Soit en tirer une ou plusieurs chacun·e et envisager que la carte tirée (ou les cartes tirées) concerne votre posture personnelle au sein de votre couple.

Vous pouvez également utiliser cet oracle si vous n'êtes pas en présence de votre amoureux·se, en posant l'intention de vous relier à lui·elle au travers de votre relation. Les rituels seront à adapter. Vous pouvez faire les exercices proposés seul·e et les partager dans un second temps quand vous retrouverez votre Allié·e.

Je recommande également l'utilisation de cet oracle par les accompagnants de la relation amoureuse. Qu'il s'agisse de thérapeutes de couple, de facilitateurs de *breathwork* de couple, de tarologues, sexologues ou autres. L'oracle peut être un merveilleux outil pour accompagner votre travail et votre guidance intérieure.

Tirage de l'oracle

Ce que je souhaite au travers de cet oracle, c'est que vous vous sentiez le plus libre possible quant à son utilisation. Comme au sein d'un couple, vous êtes invité·e·s à vous faire confiance et à inventer vos propres règles.

Si cela vous rassure au début, je vous propose de battre à chaque fois les cartes et d'attendre de voir si une ou plusieurs tombent du paquet.

Mais vous pouvez également battre les cartes puis les étaler devant vous face cachée et choisir celle·s qui vous appelle·nt. Faites-vous confiance ! C'est déjà l'un des premiers concepts de cet oracle : se faire confiance et croire en ses instincts, en ses sens, en ses propres perceptions.

Parfois, le tirage vous donnera le sentiment de tomber parfaitement juste. D'autres fois, il sera peut-être plus inconfortable. Dans ces moments-là, nous pouvons employer des stratégies d'évitement pour nous convaincre que cela ne veut rien dire ou que nous nous sommes « trompé·e·s » de carte.

Je vous invite à considérer qu'aucune carte ne sort jamais par hasard. Si le message et la compréhension de la carte en lien avec votre relation actuelle ne font pas sens pour vous, notez le titre de la carte et revenez-y. Vous pourriez être surpris·es.

Note importante :

Les idées, conseils et recommandations qui sont évoqués au sein de cet oracle ne s'appliquent évidemment pas aux personnes victimes d'emprise ou de violences physiques, psychologiques et sexuelles au sein du couple. Dans ces cas précis (et comme je le mentionne dans mon livre *Quand le couple répare*), ce qui est prôné dans cet oracle pourrait renforcer l'emprise exercée par la personne agresseuse, les dysfonctionnements de la relation asymétrique, et destituer davantage la victime de son pouvoir personnel.

Si vous estimez être actuellement dans cette situation, sachez que vous n'êtes pas seul·e.

Voici la liste de numéros d'urgence à contacter :

- Numéro de la police ou de la gendarmerie : 17
- Numéro d'urgence européen : 112
- Hébergement d'urgence : 115
- Urgences médicales : 15
- Enfants en danger : 119
- Besoin d'aide et d'écoute concernant les victimes de violences : 3919
- Signaler une violence en ligne : arretonslesviolences.gouv.fr

Il est également possible de passer par le tchat de la police nationale, accessible via ce lien : https://www.masecurite.interieur.gouv.fr/fr

Pour porter plainte : 7j/7 et 24h/24 dans votre commissariat ou brigade de gendarmerie.

LA SIGNIFICATION DES CARTES

À cœur ouvert

Nous vivons aujourd'hui dans une société qui ne cesse de prôner la force et l'endurance émotionnelle, nous coupant bien souvent de notre capacité à être, à accueillir, à ressentir et à vivre pleinement. Nous ouvrir à notre Allié·e pour nous montrer tel·le·s que nous sommes et faire résonner notre lumière tout comme nos parts d'ombre est loin d'être simple pour tout le monde. Pour nombre d'entre nous, la vulnérabilité s'apparente bien souvent à une forme de faiblesse et entraîne protection et distance émotionnelle à l'égard de la personne que l'on aime. Au sein du couple, nos blessures et nos failles se réveillent dans le but d'être entendues, comprises et transcendées. Mais cela n'est possible que si l'on prend la décision ferme et volontaire d'honorer nos ombres, nos hontes, notre culpabilité. Et, surtout, de considérer l'autre comme un·e Allié·e là pour nous épauler, nous soutenir et nous aimer tel·le·s que nous sommes. Car être vulnérable à tes côtés, c'est me faire le cadeau de me rencontrer véritablement. Observer et accueillir ce qui vit en moi ; mes émotions, mes sensations, mes peurs, mes aspirations, mes désirs et mes rétrécissements internes. C'est accepter l'idée que je ne suis pas invincible, pas tout·e-puissant·e et ainsi reconnaître que j'ai aussi besoin de toi. Aucune honte à cela.

Lorsque cette carte s'invite dans votre tirage, elle vous rappelle que personne en ce monde ne se construit et ne se répare seul. C'est la Médecine de la relation qui est à l'œuvre. Aujourd'hui, peut-être que certaines parties de vous sont en résistance à l'idée de reconnaître votre attachement pour votre Allié·e. Cela engendre parfois une difficulté à ouvrir grand son cœur pour s'exposer vulnérablement et s'autoriser à vivre ce qui est présent en soi. Quelquefois, nous avons peur d'être jugé·e·s, incompris·es, rejeté·e·s, alors nous tentons d'afficher notre plus beau sourire en nous convainquant que nous n'avons besoin de personne, pas même de notre Allié·e, parce que tout ira bien. En ce moment, il est possible que votre couple ait besoin d'espace pour que chacun·e se sente libre de déposer en son sein ce qu'il·elle ressent. Ensemble, vous êtes invité·e·s à vous poser les questions suivantes : qu'en serait-il si nous acceptions de sortir de la lutte pour entrer dans la danse ? Qu'en serait-il si nous décidions de nous percevoir comme des Allié·e·s, comme des coéquipier·ère·s sur qui nous pouvons compter ? Qu'est-ce que ça fait d'envisager l'idée qu'auprès de toi il est enfin possible de poser le genou à terre sans avoir peur d'être jugé·e·s, moqué·e·s ou malmené·e·s ? Peut-être ressentez-vous en ce moment un poids sur votre cœur. Peut-être qu'actuellement de nombreuses choses s'accumulent entre vous, vous laissant croire respectivement qu'il n'est pas possible de laisser place à l'expression libre et consciente. Or, cette carte vous invite tou·te·s les deux à prendre le temps d'échanger en conscience, avec amour et respect, sur vos peurs respectives et vos difficultés actuelles. Elle vous invite à vous livrer en acceptant de prendre le risque d'ouvrir votre cœur pour y laisser pénétrer la lumière de votre amour.

RITUEL

Prenez un moment dans la journée pour vous retrouver tou·te·s les deux, l'un·e assis·e en face de l'autre. Fermez les yeux, vos mains posées sur vos genoux, et prenez le temps de centrer votre attention sur votre respiration. Connectez-vous au cœur de votre Allié·e et accueillez ce qui est là, à cet instant. Vous êtes invité·e·s à ouvrir les yeux, main droite sur le cœur, main gauche dans celle de votre Allié·e, et à vous livrer en douceur sur ce qui est présent en vous en ce moment et que vous aimeriez remettre au sein de votre relation de couple.

Allié·e·s avant tout

Tomber amoureux·se ne dépend nullement de nous-même. En revanche, être et vivre le couple est une résolution de tous les jours. Au sein du couple, il est assez fou de constater à quel point nous avons tendance à nous tromper relativement rapidement d'ennemi·e. Nombre d'entre nous pensent que le couple est uniquement un espace d'amour, de lien, de sécurité et de partage. Mais, avant d'en arriver là, nous devons tôt ou tard traverser les ouragans de la lutte pour le pouvoir. Sans oublier qu'un couple épanoui est aussi et surtout un couple qui sait se servir des crises pour en faire résilience, ensemble. Car les Allié·e·s ont compris que ces dernières ont toute leur place au sein de leur union et ils·elles ont décidé de les percevoir comme des épreuves inévitables, mais sans nul doute révélatrices et profitables.

Nous avons trop souvent tendance à nous déresponsabiliser et à accuser notre Allié·e lorsque les choses ne se déroulent pas comme on le souhaite. Il est bien plus facile de pointer du doigt ce qui ne fonctionne pas chez l'autre que de tendre l'oreille pour écouter la dissonance interne. Bien plus souvent qu'on ne le pense, nous partons du principe que l'autre est potentiellement dangereux·se pour notre intériorité. Et, pour notre défense, nous ne sommes pas vraiment aidé·e·s sur le sujet ! En effet, notre cerveau limbique (siège de nos émotions et de nos souvenirs de l'enfance) ainsi que notre cerveau reptilien (qui contrôle entre autres nos automatismes de survie) sont extrêmement sollicités lorsque nous sommes en relation. Et plus particulièrement lors des disputes qui, je le répète, sont inévitables au sein du couple (et n'ont rien à voir avec les violences). Tout ce qui va être jugé différent ou menaçant vis-à-vis de nos représentations du monde et de nos certitudes va être la cible de notre inconscient qui va identifier cet autre comme un potentiel danger.

Lorsque cette carte s'invite dans votre tirage, elle met en lumière votre tendance actuelle à pointer votre Allié·e du bout du doigt. Agacé·e par ses actes manqués, ses oublis, ses manques d'attention ou de tendresse, son obsession pour le travail ou sa négligence quant à l'assouvissement de vos besoins, vous avez totalement oublié ce pour quoi vous aviez décidé de vous investir auprès de lui ou d'elle.

Mais qu'en est-il de vous ? « Allié·e·s avant tout », « Être Allié·e·s », c'est faire le choix audacieux de prioriser et d'honorer le Nous. Il n'est plus question de gagner l'un·e contre l'autre ou l'un·e avec l'autre mais bel et bien l'un·e *pour* l'autre. S'engager, s'impliquer, se responsabiliser, s'aider, se soutenir et, surtout, faire preuve d'indulgence et de patience. Cette carte vous invite vivement à vous remettre en question concernant la manière dont vous considérez la situation et vous vous comportez actuellement avec votre Allié·e. D'ailleurs, parvenez-vous à écouter et à entendre ses besoins ? À ne pas illégitimer ses émotions et ses sentiments en ce moment ? À prendre le temps de vous intéresser réellement à lui·elle : à son travail, à ses frustrations, à ses incertitudes, à ses besoins, à ses rêves ? Parvenez-vous à admettre vos parts de responsabilité lors de vos conflits ? À vous mettre à sa place ?

La philosophie Couple Allié® nous invite à entrevoir l'expérience du couple comme le cadeau de *la rencontre* à l'altérité et à Soi. Ensemble, se donner la chance de nous réparer des blessures de l'enfance en nous traitant avec respect, considération et bientraitance. N'oubliez pas que vous êtes Allié·e·s et que c'est la perte du lien qui est votre ennemie commune. En ce sens, intéressez-vous aujourd'hui à ce qui se vit *en dedans* de la personne que vous aimez.

RITUEL

L'un·e assis·e en face de l'autre, feuille et stylo à la main, prenez quelques minutes pour vous recentrer et vous ancrer dans l'instant. Puis posez-vous la question avec la plus grande des sincérités : C'est comment de vivre avec moi ? Laissez-vous entre 5 et 10 minutes pour y répondre ensemble, chacun·e de votre côté.

Vous êtes ensuite invité·e·s à utiliser la méthode ancestrale hawaïenne Ho'oponopono qui a pour but de résoudre les conflits avec amour et bienveillance.

Exemple : « Mon Allié·e, DÉSOLÉ·E pour... PARDON pour... MERCI pour... JE T'AIME. »

Prenez le temps qu'il vous faut et réalisez cet exercice en conscience. Quand vous aurez fini tous·tes les deux, échangez de vive voix dans l'amour et la tempérance.

Assumez-vous

L'entourage a bien souvent une influence très importante sur la manière que nous avons de vivre et d'assumer notre couple. Et, quoi que l'on en dise, être reconnu en tant qu'entité couple représente une part importante de notre histoire amoureuse. Nous avons tous·tes besoin de pouvoir nous présenter au monde tel·le·s que nous sommes et d'honorer au grand jour notre alliance. Dans le meilleur des cas, nos ami·e·s, les membres de notre famille et autres proches peuvent valider et reconnaître notre union. La personne que nous aimons est appréciée et la bienvenue auprès des gens que nous respectons et pour qui nous recherchons bien souvent, et malgré nous, l'approbation. Mais, dans certaines situations plus difficiles, l'entourage peut représenter un frein, un poids majeur dans notre capacité à rester connecté·e·s l'un·e à l'autre et à continuer de maintenir et d'entretenir la qualité de notre lien. De la rivalité, de la jalousie, de la culpabilité, du jugement, du rejet, des conflits de loyauté, autant de raisons qui peuvent parfois nous faire ressentir des émotions et sentiments très désagréables. Le risque est de perdre de vue notre alliance aux côtés de notre Allié·e en préservant à tout prix les un·e·s et les autres.

Lorsque cette carte s'invite dans votre tirage, elle rappelle l'importance capitale de votre alliance. Vous êtes Allié·e·s. Vous êtes les personnes les plus importantes en ce monde et personne n'a à vous dire ce qui est bon, juste, OK, pas OK, « sain », « malsain », pour votre couple. Vos proches veulent souvent bien faire en tentant de vous aider, mais ils peuvent aussi être maladroit·e·s et ne savent pas toujours ce qu'il se passe au sein même de votre relation. Quoi qu'il en soit, évitez de vous allier contre votre couple, évitez de vous ranger auprès d'un membre extérieur de votre relation d'amour pour faire passer des messages à votre Allié·e. Évitez tout simplement de vous laisser influencer par le spectre de réalité de personnes qui ne pourront jamais pleinement comprendre ce que vous vivez tous·tes les deux dans votre intimité. Vous êtes les seul·e·s à savoir ce qui est le plus juste pour vous deux, les règles et devoirs implicites de chacun·e. Les seul·e·s à connaître votre équilibre et, en ce sens, vous avez une grande responsabilité à protéger votre relation de ce que peuvent parfois générer les jugements extérieurs.

N'oubliez pas : les gens, peu importent leurs intentions, auront plus ou moins toujours quelque chose à dire ou à penser de votre couple. Mais personne ne peut se permettre de vous dire ce qu'est l'amour et comment le vivre. Personne ne peut s'ériger en tant que porte-parole de la toute-puissance et vous sermonner vous et votre Allié·e si vous n'êtes pas copie conforme à la norme. En soi, personne d'autre que votre couple ne sait ce dont il a besoin et ce qu'il veut vivre ou refuser de vivre. Personne d'autre que vous deux n'a à donner son avis sur vos règles et vos limites respectives. Alors, soyez fier·ère·s de votre relation, honorez-la, chérissez-la, célébrez-la. Votre couple est unique, ne cherchez pas à faire l'approbation de tou·te·s ou à rentrer dans des cases au risque de perdre votre singularité, voire de vous perdre l'un·e l'autre. Cela ne signifie pas rejeter l'intégralité de ce qui vous est partagé par votre entourage, simplement, gardez contact avec votre boussole intérieure et vos ressentis propres. Ayez confiance en la Médecine de votre couple, protégez votre Allié·e et votre relation et sachez faire preuve d'assertivité quand certaines situations se présentent à vous, ensemble.

RITUEL

Aujourd'hui, vous pourriez définir ensemble un code (mot, geste, petit objet spécifique à avoir l'un·e l'autre…) qui vous permettra, une fois dehors – en soirée, en famille… –, de vous rappeler que vous êtes Allié·e·s et que vous devez vous serrer les coudes, et non pas vous desservir devant les autres. Ce code servira aussi à vous exprimer mutuellement : « Tu te rappelles ? On est ensemble ! » Attention à nos mots, prenons soin l'un·e de l'autre, nous sommes une équipe.

Définissez ce code ensemble aujourd'hui et commencez dès à présent à l'utiliser.

Au rythme des saisons

Le couple est un être vivant à part entière et il est cyclique. Oui, lui aussi traverse des saisons, comme tout être évoluant au sein même de notre planète. Tous les couples traversent des vagues de hauts et de bas, tous les couples connaissent ces phases de connexion-déconnexion. Les phases de connexion sont apparentées à ces moments d'amour, de lien fort, d'intimité partagée, de compréhension mutuelle, de joie d'être ensemble, de rire et de complicité. Ces moments où l'on se demande comment on ferait pour vivre sans l'autre. Là où, d'aucune manière, il ne peut être envisagé que nous nous séparions ou ne trouvions pas les ressources pour faire face aux difficultés que parfois nous rencontrons. La connexion règne et rien ne semble pouvoir s'immiscer en vue de perturber notre équilibre, ni de loin ni de près. Les phases de déconnexion, quant à elles, sont plus bousculantes et bruyantes. Inévitables, elles représentent ces cycles où nous avons parfois l'atroce sentiment de plonger dans les abysses. Nous ne nous comprenons plus, tout nous agace chez notre Allié·e, plus rien ne semble avoir de sens à ses côtés. Nous sommes contrarié·e·s, irrité·e·s, en colère pour tout ce qu'il·elle ne fait pas. Les tempêtes émotionnelles s'enchaînent et tout semble nous diviser. Les peurs s'activent, les blessures se répondent et la guerre semble déclarée.

Nous oublions que La Vie est faite de dualités, de paradoxes et de nuances. Et, au même titre que La Vie ne peut exister sans La Mort et que le noir est indissociable du blanc, les phases de déconnexion sont tout aussi nécessaires que les phases de grande connexion. D'ailleurs, ces phases de connexion-déconnexion, au-delà d'être fréquentes, sont surtout loin d'être anormales ou pathologiques. Elles profitent au vivant de notre couple en insufflant le rythme des saisons.

Lorsque cette carte s'invite dans votre tirage, elle peut avoir plusieurs significations. La première, c'est un appel à la pleine présence et à la célébration. Peut-être vous sentez-vous très relié·e·s l'un·e à l'autre, et si tel est le cas, alors c'est merveilleux, profitez-en. N'hésitez pas à échanger sur ce dont vous pourriez avoir besoin dans les prochaines phases de déconnexion, ce qui vous fait peur, ce qui pourrait potentiellement vous rassurer. De sorte que, si une phase de tensions et de déconnexion émotionnelle s'immisce entre vous prochainement, vous puissiez vous rappeler vos échanges dans la douceur et garder confiance en votre lien, votre Nous. L'idée n'est point de semer la peur dans vos cœurs ou d'énoncer un mauvais présage. Un rappel quant au fait que les phases de déconnexion sont nécessaires et importantes au sein du couple. Elles nous rappellent à notre individualité, laissent l'espace aux conflits ou aux crises de délivrer leurs messages et sont l'opportunité de nous remettre à niveau, de nous (ré)harmoniser l'un·e à l'autre. Aussi, cette carte peut également vous indiquer que si vous vous sentez actuellement déconnecté·e·s l'un·e de l'autre, alors il est peut-être temps de faire un pas l'un·e *pour* l'autre. Cette phase de déconnexion a assez duré. Vous pourriez à présent faire le point pour comprendre le message important que la carte a à vous délivrer concernant votre relation. Si les phases de déconnexion sont importantes, en sortir ensemble l'est d'autant plus. C'est par ce processus de réparation que vous renforcez la confiance en votre Nous. Tout finit par passer, les bas comme les hauts. La Vie n'est que mouvement, comme l'être vivant que représente votre couple.

RITUEL

Aujourd'hui, vous êtes invité·e·s à vous écrire une « lettre de réassurance » en vue des prochaines phases de déconnexion. Elle pourrait commencer par :

« Mon Allié·e, malgré le fait que nous nous déconnectons parfois, je ne veux pas que tu oublies que... »

Écrivez cette lettre avec le cœur et donnez-la ensuite à votre Allié·e qui la gardera précieusement avec lui·elle. De manière générale, gardez-la près de vous, surtout lors de ces phases de déconnexion, de sorte de ne jamais oublier la confiance accordée à votre Nous, même si vous traversez parfois des moments de plus fortes turbulences entre vous.

Cache-cache

En vrai, c'est parfois si difficile de rester connecté·e avec un·e Allié·e si différent·e de nous. Parce que cette différence nous renvoie sans cesse à nos propres croyances, nos propres conditionnements, nos propres valeurs. T'observer agir, penser, parler autrement que je l'aurais fait, moi, à cet instant précis me fait sans cesse me demander : est-ce que j'ai raison de continuer à me comporter de cette façon-là ? Est-ce encore juste, aligné pour moi ? Parfois, c'est bousculant. D'autres fois, enseignant. Et, d'autres fois encore, éreintant. Pourquoi ne me comprends-tu pas ? Pourquoi ne vois-tu pas ce que je vois ? Pourquoi c'est si compliqué ? La voilà qui apparaît, cette douce proposition enfantine ; et si on jouait à cache-cache ? Temporairement, et ce malgré l'amour que l'on se porte mutuellement, nous ne parvenons plus à établir une relation l'un·e avec l'autre. Le quotidien, la charge mentale, le boulot, la vie familiale : tout devient source de tension. Alors, momentanément, on s'éloigne, la distance physique et émotionnelle s'installe, les efforts pour mieux se comprendre et prioriser notre lien se font de plus en plus rares. Et c'est ainsi qu'on finit par s'échapper de la relation, persuadé·e que je ne peux pas compter sur toi, connecté·e à un terrible sentiment de solitude, fatigué·e émotionnellement et inquiet·ète quant à la pérennité de notre relation. Peu à peu, je m'isole, me renferme sur moi-même et me cache dans ma caverne.

Rester en lien, maintenir la connexion avec cet·te autre si différent·e de nous n'est pas toujours évident, c'est même généralement très difficile. Alors, nous mettons en place des tactiques toutes plus créatives les unes que les autres dans le but de nous offrir quelques minutes, voire journées de répit, en dehors de la relation elle-même.

Lorsque cette carte s'invite dans votre tirage, elle vient vous questionner sur votre posture et votre assise au sein même de votre relation. Peut-être vous observez-vous en ce moment adopter des comportements légers de fuite. Il peut s'agir de déployer beaucoup d'énergie en direction de votre travail, concentrer toute votre attention sur vos amis, vos enfants. Ou bien passer beaucoup de temps au téléphone, dévorer un livre fantastique, vouloir absolument terminer une série ou noyer votre temps dans les tâches ménagères. Généralement, les comportements de fuite légers sont subtils, parfois même invisibles. Ils se faufilent avec discrétion et prennent le costume du caméléon, nous persuadant qu'il ne s'agit en rien d'une quelconque fuite de la relation. Et puis, peut-être qu'en ce moment vous vous observez ou observez votre Allié·e adopter des comportements de fuite plus bruyants. Des absences prolongées et répétées, des mensonges, des prises de distance qui s'immiscent entre vous. Vous êtes en train de jouer à cache-cache et sachez que cela fait partie intégrante de la vie du couple. Oui, en aucun cas vous n'avez un problème ou n'êtes anormaux. Vous êtes simplement en difficulté pour vous connecter l'un·e à l'autre. Être en lien demande du temps, de l'investissement émotionnel, de la volonté, des efforts et beaucoup de remise en question. En soi, une vraie disponibilité. Cette carte vous rappelle l'importance du lien et de la connexion et vous invite à mettre de la lumière sur vos comportements. Qu'est-ce qui est peut-être inconfortable aujourd'hui dans la relation et qui vous pousse à en sortir temporairement ? Ne vous jugez pas l'un·e l'autre, accueillez simplement ce que la lecture de cette carte suscite en vous.

RITUEL

Prenez le temps de vous asseoir l'un·e en face de l'autre et prenez-vous les mains. Commencez simplement par vous caresser les mains en regardant les doigts de votre Allié·e, ses ongles, la forme de ses mains. Tentez d'apporter de la conscience sur la sensation de sa peau à votre contact. Puis, dans un second temps, plongez vos yeux dans ceux de votre Allié·e et souriez. Souriez d'amour, de compréhension et de compassion. Développez la tolérance et l'indulgence à l'égard de vos stratégies de défense, de vos costumes de survie et de vos fuites temporaires ou prolongées. Puis répétez à haute voix chacun·e votre tour, quand vous vous sentirez prêt·e·s :

« Mon amour, je comprends. »

Laissez infuser ces mots. Comprenez réellement que votre Allié·e fait ce qu'il·elle peut, tout comme vous. Puis tentez d'identifier, ensemble et chacun·e à votre tour, en ne lâchant pas vos mains, la manière que vous avez de fuir temporairement de votre relation. Tous ces moments où, consciemment ou inconsciemment, vous allez fuir l'intimité du lien. Exemple : Rentrer tard du travail, être souvent fatigué·e ; vous investir démesurément auprès des enfants ; passer du temps sur les réseaux sociaux, les films ou les livres plutôt que d'échanger ensemble ; faire beaucoup d'activités ou n'en faire qu'avec des ami·e·s ; vous investir affectivement et émotionnellement avec d'autres personnes que votre Allié·e ; ranger la maison tout le week-end...

Câlin-câlinou

Pourquoi faire des câlins-câlinous un rituel ? Déjà parce que les câlins stabilisent notre rythme cardiaque et notre température corporelle.

Aussi parce qu'ils facilitent la production d'ocytocine qui favorise, entre autres, la confiance, la sécurité, l'attachement. Et puis, parce que, de manière générale, ils ont la capacité de faire diminuer très largement la souffrance physique et mentale, le stress et la colère.

Au-delà d'être de vraies ressources pour notre bien-être physique et mental, les câlins au sein du couple sont l'une des clés de la connexion consciente.

Se faire des câlins, c'est se donner la chance de se reconnecter l'un·e à l'autre dans la douceur de ce moment privilégié ; celui d'accueillir toutes nos facettes intérieures, celui d'être en paix et de laisser place à notre vulnérabilité, comme le cœur même de notre humanité.

De manière générale, nombre d'entre nous adorent les câlins. Pourtant, ils ne sont pas toujours simples à accueillir. Quelquefois perçus comme des moments d'amour réconfortants, d'autres fois comme des devoirs envahissants qui mettent à mal nos systèmes de défense. Mais je reste convaincue que les câlins, et notamment la pratique du peau à peau que l'on préconise aux jeunes parents à l'égard de leur bébé, pourrait tout aussi bien s'appliquer aux adultes que nous sommes.

Lorsque cette carte apparaît dans votre tirage, elle vous invite à la (re)connexion grâce aux câlins-câlinous.

Ensemble et peu importe ce qu'il se passe entre vous en ce moment, que le soleil brille et inonde votre relation ou que la tempête sévisse et bouscule, vous êtes invité·e·s tous·tes les deux à vous faire régulièrement des câlins. Car considérer cette pratique du peau à peau amoureux avec implication et sérieux, c'est se promettre confiance et sûreté.

C'est se rappeler que nos corps et nos âmes, eux, n'oublient pas à quel point nous sommes importants·e·s l'un·e pour l'autre. Une invitation sur les jours à venir à prendre le temps de se faire des câlins en conscience le matin au réveil, le soir au coucher et tout au long de la journée et de la nuit si vous le pouvez.

Vous verrez à quel point cela va faciliter le Dialogue restauratif, la confiance et la compassion, mais aussi la connexion et la sécurité intérieure en vous et entre vous.

RITUEL

Vous êtes invité·e·s à vous faire un câlin, là, juste maintenant. Invité·e·s à vous serrer dans vos bras en restant silencieux·ses et en accueillant ce qui se passe à l'intérieur de vous. Que cela soit agréable ou quelque peu inconfortable, essayez (en veillant évidemment au respect de votre consentement) d'ouvrir les bras aux manifestations corporelles et émotionnelles. Appréciez ce contact, appréciez cette douceur et comprenez que c'est l'une des choses les plus importantes de votre vie. Faire un câlin à votre Amour. Nul besoin de parler, simplement rester là l'un·e contre l'autre pendant au moins 5 bonnes minutes.

Si vous n'êtes pas en présence de votre Allié·e, allongez-vous et visualisez-vous lui faire un énorme câlin en appréciant et accueillant chacun des ressentis corporels.

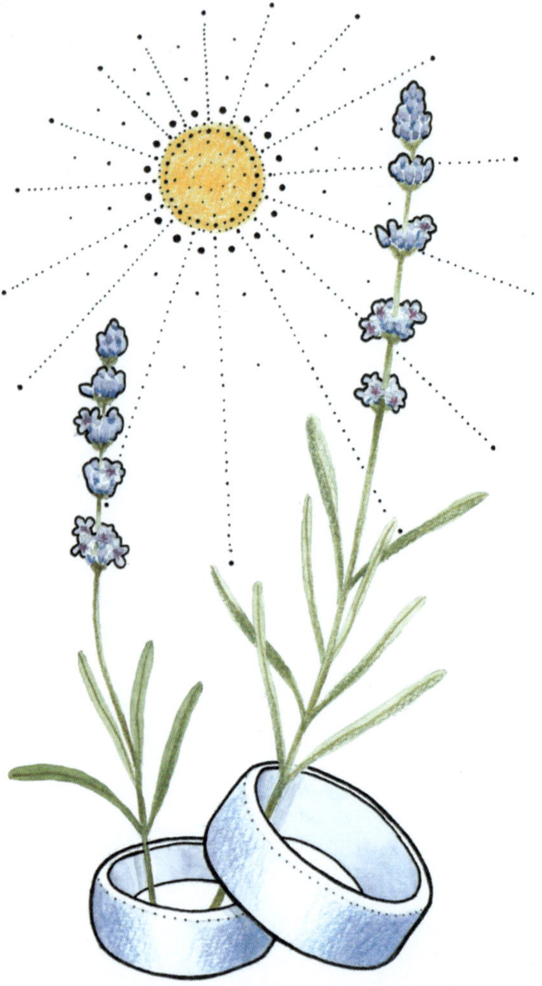

Célébration de l'union

Le Couple Allié® s'offre un espace d'amour, de partage, de soutien, d'entraide, d'écoute et d'affection mutuelle.

Il est un lieu d'alchimie au travers duquel nous avons la chance de nous sentir entendu·e·s, compris·es et aimé·e·s pour ce que nous sommes réellement.

Au travers de cette entité consciente et sacrée, nul besoin de faire semblant ou de se cacher. Nous pouvons en conscience et en toute sécurité ouvrir grand les portes de notre cœur pour accueillir l'être aimé.

Et quelle joie ! Quel bonheur ! Quelle chance que de vivre ensemble ! Quelle gratitude à l'idée de s'être rencontré·e·s, toi et moi, dans cette vie !

Pris·es dans le quotidien, les contraintes journalières et les habitudes, nous en oublions parfois le cadeau précieux que représente le lien que nous entretenons avec notre Allié·e.

Il peut même nous arriver de banaliser cet amour profond et cette connexion sacrée qu'il nous a été donné de vivre ensemble.

Et pourtant, rappelez-vous que ce n'est pas donné à tout le monde et que cet événement heureux dont vous êtes aujourd'hui les acteur·rice·s véritables doit être chéri et protégé, comme une étoile scintillante dans la nuit qui guide chacun de vos pas.

La célébration est l'acte heureux et spirituel de remercier la vie pour le cadeau qu'elle nous offre. À savoir : être ensemble.

Ainsi, lorsque cette carte apparaît, elle vous invite à cultiver la gratitude à l'égard de votre couple et de votre Allié·e.

Il est temps pour vous de festoyer votre amour et de glorifier votre union. Rien n'est banal, évident et simple.

Tout est merveilleux, incroyable et fantastique ! Votre couple est un miracle, un cadeau en provenance de l'Univers pour vous donner la chance de grandir individuellement et collectivement.

Célébrer l'amour revient à célébrer la vie et en célébrant la vie, vous augmentez drastiquement votre fréquence vibratoire ainsi que votre énergie.

Prenez conscience de ce que vous avez, de la chance extraordinaire de vous être (re)trouvé·e·s aujourd'hui dans cette vie et remerciez-vous mutuellement pour tout ce que vous vous apportez quotidiennement.

RITUEL

Ce soir, à l'heure que vous souhaitez, prenez le temps de vous préparer ensemble un bon repas. Allumez-vous quelques bougies, mettez de la musique et dégustez une boisson de votre choix. Pendant le repas, n'hésitez pas à pratiquer ce petit jeu ensemble :

- Mon plus beau souvenir avec toi...
- Là où je me suis senti·e le·la plus fier·ère à tes côtés...
- Ce que tu m'apportes au quotidien, c'est...
- J'ai de la gratitude pour notre couple, car...
- J'adore quand tu...
- J'ai beaucoup de désir envers toi quand...

À la fin de votre repas, vous êtes invité·e·s à pratiquer ensemble un moment d'amour. Il peut s'agir d'un bain partagé, d'un massage, d'un câlin, d'une lecture commune, d'une méditation, d'un acte d'union. Dans tous les cas, célébrez, remerciez et aimez.

Couple Allié®

La philosophie Couple Allié® s'adresse à tous les couples souhaitant vivre l'expérience d'un couple résiliant, impliqué et engagé l'un·e *pour* l'autre, et faisant de leur Nous une priorité. Ceux et celles qui souhaitent davantage s'inscrire dans le paradigme relationnel pour mieux apprendre à aimer et à se laisser aimer. Tous·tes celles et ceux ayant à cœur de ramener au sein de leur union conscience, sécurité, joie, indulgence, humilité, engagement et connexion.

Le Couple Allié® est pour moi un couple déterminé à s'aimer, et cela peu importe son histoire ou les épreuves de la vie. Un couple qui a compris que sa relation est l'un des piliers les plus importants de son existence et que, sans elle, il ne pourrait pas évoluer aussi loin qu'il le fait actuellement. Lorsqu'un couple se souvient d'où il vient, pourquoi ils·elles se sont choisi·e·s, leur but commun dans la vie, les valeurs qu'ils·elles défendent ensemble, et surtout, ce que leur enseigne la Médecine de leur couple, alors ils·elles sont prêt·e·s à servir le monde en unissant leurs forces et leurs dons respectifs.

Lorsque cette carte s'invite dans votre tirage, elle vous rappelle à la Médecine de votre lien, celle de votre relation. Vous êtes un Couple Allié® et rien ni personne ne pourra jamais entraver votre équilibre tant que vous décidez de rester uni·e·s. Une invitation en ce jour à savourer les fondements de votre couple. Ensemble, vous avez eu le courage (et avez encore) de vous explorer en conscience en déjouant les pièges de l'ego, vos systèmes de défense et en apprenant à faire autrement que ce que vous avez tous·tes les deux pu observer durant l'enfance.

Vous êtes aujourd'hui pleinement investi·e·s dans l'alliance consciente, engagée et véritable. Vous avez compris que votre amoureux·se est votre Allié·e, et non votre ennemi·e ou un·e simple partenaire. Vous avez compris ô combien la puissance du lien et de la relation vous a, entre autres, offert le cadeau de la sécurité affective pour une plus grande exploration du monde. Dans votre couple, la vulnérabilité est permise et vous êtes parvenu·e·s à en faire une force. Vous savez à présent vous servir de vos différences, de vos expériences passées et de vos blessures respectives comme d'une médecine à part entière. Vous vous êtes offert votre respect mutuel et vous êtes engagé·e·s à servir votre relation et votre Allié·e avec confiance et implication. Et, évidemment, vous avez saisi la nécessité de vous réinscrire dans une vie de couple contemplative et sacrée en appréciant chaque moment de vie à deux : célébrer la joie, cultiver la gratitude, honorer votre attachement, développer votre attention et votre pleine Présence pour rendre grâce à votre Allié·e et à votre couple. Un mot : BRAVO. Vous incarnez véritablement les grands principes du Couple Allié® et, aujourd'hui, le monde a profondément besoin de couples comme le vôtre.

RITUEL

Allumez quelques bougies, un peu d'encens et mettez, pourquoi pas, un peu de musique. L'un·e assis·e en face de l'autre, prenez le temps de vous regarder droit dans les yeux en posant vos mains respectives sur votre cœur.

Vous pourrez répéter les phrases suivantes à haute voix :

« Mon Allié·e, mon Amour, je suis fier·ère de Nous. Fier·ère pour… » Et complétez cette phrase à haute voix et en conscience.

Quand vous aurez fini tous·tes les deux, célébrez votre alliance de la manière la plus juste pour vous, mais il vous est vraiment demandé d'ancrer un geste dans la matière qui puisse le symboliser (restaurant, moment d'amour, balade en forêt, cadeau commun…).

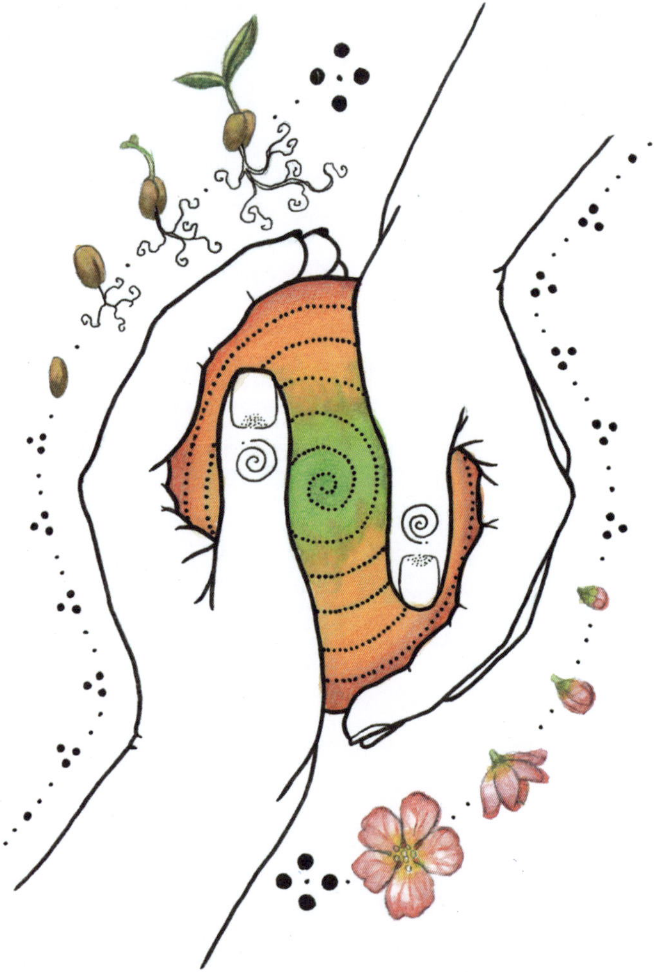

Couple créateur

Il me semble indispensable d'envisager le couple comme une source de création, d'inspiration et de joie. En effet, ce qui permet à nombre d'entre eux de perdurer dans le temps, c'est justement la possibilité de concevoir leur futur ensemble, animés par des valeurs et des aspirations communes pour le monde.

La capacité à se connecter à la beauté originelle de cet autre, de l'entité couple et du monde auquel on appartient donne l'opportunité à chacun·e de développer un amour visionnaire et créateur.

Les projets, l'esprit de partage et de contribution sont des clés spirituelles majeures pour tout couple se trouvant dans la volonté de grandir et de poursuivre l'union. Chaque couple qui se forme en ce monde est là pour une raison et a une mission à accomplir. Qu'il s'agisse de grandes ou de petites choses à réaliser, elles sont toutes légitimes et nécessitent la conscience et la volonté des deux Allié·e·s.

Lorsque cette carte s'invite dans votre tirage, elle vous rappelle l'importance de collaborer, de partager et de cocréer ensemble. En ce moment, l'énergie de votre Couple Allié® a faim d'innovation et réclame la cocréation.

Partager des activités ensemble qui entremêlent connexion, imagination, état modifié de conscience et moments d'intimité vous promet naissance et genèse d'une nouvelle énergie spirituelle entre vous.

Qu'il s'agisse de la danse, d'une sortie en nature, d'une peinture en commun, d'une lecture ou d'une méditation partagée, ou encore d'un projet porteur de nouvelles énergies, aujourd'hui, vous avez besoin de (re)créer un but commun à votre vie.

Ce but vous permettra, entre autres, d'avancer main dans la main, dans la même direction. Il vous offrira également des temps de qualité ensemble, de réflexions, de profondes connexions et ne cessera de développer votre collaboration complice et consciente au sein de votre union.

Il est temps pour vous de trouver le moyen d'inscrire dans la matière l'Essence même de l'alliance de vos deux âmes qui ont décidé de faire couple ensemble.

RITUEL

Ce week-end, prévoyez-vous un temps en amoureux·ses, seul·e à seul·e (l'idéal serait au moins une heure partagée) pour réaliser une peinture commune. Vous aurez besoin d'une grande feuille, de pots de peinture, de crayons de couleur, de feutres ou de craies. Avant de démarrer, enlacez-vous et plongez vos yeux dans ceux de votre Allié·e en posant une intention commune.

Peut-être que certain·e·s d'entre vous vont commencer chacun·e de leur côté, peut-être que d'autres vont d'ores et déjà démarrer l'atelier ensemble.

Les 15 premières minutes, vous êtes invité·e·s à mettre un chronomètre pour pouvoir comptabiliser le temps qui s'écoule. Quand le chrono sonnera, vous pourrez faire une première observation de votre dessin et du positionnement de chacun·e sur la feuille.

Dans un second temps, et si ce n'est pas déjà le cas depuis le début de l'exercice, le challenge va être de peindre/dessiner, cocréer réellement ensemble. Fondez les couleurs, échangez vos pinceaux et feutres, entremêlez vos dessins, de sorte que, pendant les 45 minutes restantes, vous soyez mutuellement concentré·e·s sur votre but commun.

À la fin de l'exercice, prenez le temps d'observer le résultat final et d'échanger sur ce que vous avez pu éprouver tout au long de la naissance de cette œuvre.

Couple de demain

Les rêves nous permettent de voir grand, d'aspirer à grand et de réaliser grand. Nous avons encore trop souvent tendance à nous sentir illégitimes, à douter de nous-même, à ne pas nous penser à la hauteur. Quelquefois, nous doutons de notre Allié·e et parfois même de notre couple. Nos aspirations profondes et les rêves qui en découlent nous parlent de nous, de notre Essence, de notre mission de vie, ce pour quoi nous avons choisi de nous incarner ici même. Chaque être vivant sur cette Terre est là pour quelque chose, a une mission qui lui incombe et chaque couple de ce monde a un rôle à jouer. Les projets communs, au sein de l'espace sacré que représente notre couple, sont ceux qui nous portent, nous tirent vers le haut. Ils mettent du sens à notre vie, à notre relation. Ils nous relient à la puissance du cœur, celle de l'esprit libre, de la connexion profonde avec le Grand Tout. Nous ne nous trouvons pas pour rien et s'il y a bien un travail profond et consciencieux qui s'amorce en dedans de nous, il y a également de grandes possibilités de construire en dehors un monde aux couleurs de notre passion. Rêver grand, ensemble, c'est concevoir un futur merveilleux dans lequel vous avez tous·tes les deux votre rôle à jouer, car vous êtes nécessaires, voire indispensables, pour faire de ce désir une réalité extraordinaire.

Lorsque cette carte apparaît dans votre tirage, elle vous rappelle à quel point vous n'êtes pas ici, ensemble, pour rien. À quel point votre couple aspire à de grandes choses en ce monde et qu'il est grand temps pour vous deux d'en prendre conscience. L'univers a besoin de vous, il appelle ses enfants à réveiller l'amour qui circule en chacun·e d'eux·elles. Il appelle ces hommes et ces femmes qui ont décidé de s'allier pour agir activement pour un monde humainement éveillé qui s'ancre dans une dynamique coconstructive, de partage, de collaboration, de confiance et d'amour. Aujourd'hui, il est temps pour vous deux de vous réaligner, retrouver le chemin de l'union, de la congruence et de l'authenticité dans le but de créer ensemble le monde de demain. Alors, laissez-vous porter par vos rêves et ceux de votre Allié·e. N'ayez pas peur de viser haut et grand et surtout décidez de voir de la beauté et de la sagesse dans chacune des actions que vous entreprenez. Le collectif a besoin de vous, la Nature a besoin de vous, le monde a besoin de vous et vous ne pourrez pas entreprendre ce projet divin sans l'aide précieuse de cet être merveilleux à vos côtés. Il est temps de faire de grands rêves pour votre relation et ainsi d'exploiter la puissance de votre union pour servir ensemble l'humanité.

RITUEL

Prenez le temps de vous retrouver tous·tes les deux dans un lieu calme et asseyez-vous l'un·e en face de l'autre. Le temps de quelques profondes inspirations, fermez les yeux et ramenez de la présence dans votre corps. Que fait naître en vous la lecture de cette carte? Soyez vigilant·e à chacune de vos perceptions.

Prenez ensuite une feuille et un stylo et répondez chacun·e de votre côté aux questions suivantes:

- Quand j'étais petit·e, quels étaient mes plus grands rêves? À quoi j'aspirais profondément?
- Qu'est-ce qui a fait que j'ai fini par laisser tomber?
- Qu'est-ce que j'aime faire dans la vie? Quelles sont mes passions?
- Dans quoi suis-je doué·e? Dans quel domaine ai-je une certaine expérience ou suis-je compétent·e?
- De quoi le monde a-t-il besoin aujourd'hui?

Prenez un premier temps d'échange et partagez vos réponses respectives. Écoutez attentivement votre Allié·e, laissez-vous porter par ses réponses, suivez l'histoire sans juger, sans reprendre, sans projeter. Juste en étant là avec lui dans la conscience et dans l'amour. Puis, dans un second temps, reprenez votre feuille et votre stylo et réfléchissez ensemble :

- Qu'est-ce que vous aimez faire tous·tes les deux ensemble dans la vie ?
- En quoi êtes-vous doué·e·s ensemble ?
- Comment pourriez-vous contribuer ensemble au monde de demain ?
- Y a-t-il des rêves, des projets dans lesquels vous pourriez décider de croire dès aujourd'hui ?

Prenez le temps de noter de nouveau tout cela sur votre feuille en coconstruisant ce moment de complicité et d'union. Vous savez à présent ce qu'il vous reste à faire. Petit ou grand projet : il est temps de le rendre réel, ensemble.

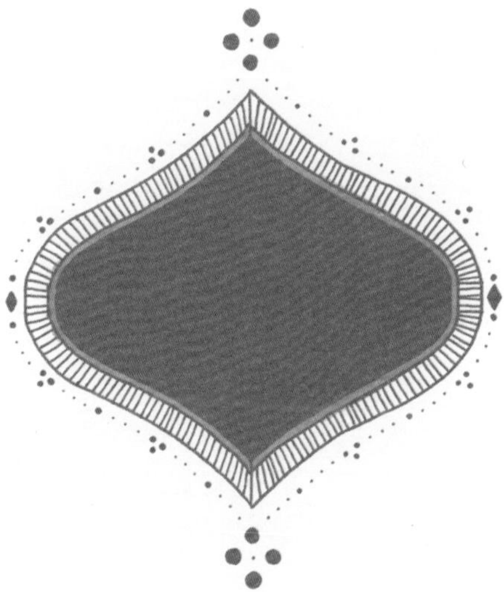

De la différence naît la puissance

Nécessaire de comprendre que, sur cette Terre, nous sommes absolument tous·tes différent·e·s. Parvenir à accueillir, reconnaître, comprendre et respecter les différences de chacun·e nous offre l'opportunité au sein du Couple Allié® de parler la même langue. D'apprendre à décoder le langage de l'autre, comprendre ses désirs, ses conditionnements, ses fonctionnements, ses interdits, ses multiples facettes, pour agir en conscience dans la volonté de maintenir le lien et de s'enseigner mutuellement, tant que nécessaire.

Cela ne signifie pas que nous pouvons légitimement nous reposer sur nos lauriers en utilisant ces différences comme excuses pour ne rien changer, ne pas faire évoluer les choses, nous déresponsabiliser et attendre de l'autre qu'il fasse ce que l'on ne parvient pas encore à faire.

Bien au contraire, car cultiver la différence au sein du couple, c'est se permettre de grandir en s'inspirant mutuellement et en pratiquant la grâce de l'indulgence à l'égard de la personne que l'on aime. Peu importe notre genre ou notre orientation sexuelle, nous pouvons décider dès à présent de percevoir nos différences comme une source d'enrichissement qui nous permet d'entrevoir le monde autrement que nous ne l'aurions fait seul·e.

Lorsque cette carte s'invite dans votre tirage, il est possible que vous traversiez actuellement une période où la différence semble temporairement vous éloigner. Peut-être avez-vous le sentiment de ne pas vous comprendre et de ne pas parler la même langue. En soi, ce n'est pas totalement faux, mais de vos deux langues peut naître celle de votre couple, notre Nous. Ensemble, vous pouvez créer un nouvel alphabet, de nouvelles syllabes et de nouvelles règles grammaticales. Ensemble, vous pouvez apprendre à accueillir la différence de votre Allié·e comme le cadeau de votre évolution. Comprendre ce dont il·elle a besoin, ce à quoi il·elle est réactif·ve et ce qui lui permet de se sentir pleinement connecté·e au couple. Il est temps pour vous deux d'offrir à votre Allié·e ce dont il·elle a vraiment besoin, et non ce que vous estimez devoir lui donner.

RITUEL

Réécrivez mutuellement ces phrases en les complétant avec les mots de votre choix puis partagez-les à haute voix, l'un·e assis·e en face de l'autre, et cela trois fois de suite.

Exemple de phrase à écrire pour un·e Allié·e : « Je comprends que tu as besoin de te sentir en confiance, en lien et détendu·e pour être réceptif·ve à notre sexualité. Dès aujourd'hui, je fais le choix conscient de participer davantage à la vie collective et familiale de la maison. »

Exemple de phrase à écrire pour un·e Allié·e : « Je comprends que tu es profondément sensible à ton besoin d'être utile et de me protéger. À partir d'aujourd'hui, je fais le choix conscient de te complimenter davantage, et cela même si j'estime que ce que tu accomplis me semble "normal" dans notre vie quotidienne. »

Dialogue restauratif

Tout le monde connaît la puissance de la communication au sein du couple... et pourtant nous continuons de la négliger. Nombreux sont ceux qui se heurtent, s'accusent, se malmènent et se jugent, non à cause du fond, mais bien de la forme.

Combien de fois nous inquiétons-nous pour notre Allié·e, lui souhaitons le meilleur, voulons le protéger, et combien de fois formulons-nous les choses sous forme de reproches, de critiques ou de jugements à son égard ? Nous devons apprendre à dialoguer, échanger l'un·e avec l'autre de manière juste et respectueuse dans le but de rétablir, maintenir et prendre soin de la qualité de notre lien. Pour cela, il est indispensable de mettre de la conscience en développant notre présence à nous-même et à notre couple. Être ainsi totalement dans l'instant, pleinement présent·e·s à nos émotions et à nos ressentis corporels, qu'on les juge désagréables ou non. Cela est aussi fondamental de s'autoriser l'accueil. Notre corps, notre cœur, nos pensées, notre respiration nous informent régulièrement de ce qu'il se passe en nous.

Chaque sensation, chaque impression, chaque souvenir réactivé est là pour nous informer d'un processus émotionnel actif. Dans cet échange, de quoi ai-je besoin ? Qu'est-ce qui en moi se sent confortable, relié, connecté dans l'échange ou, au contraire, qu'est-ce qui se sent menacé, anxieux ou blessé ? Au travers du Dialogue restauratif, cultivez l'art d'écouter et de parler dans l'indulgence et le respect de votre Allié·e, sans jamais mettre de côté votre part de responsabilité à l'égard de ce que vous sentez vivant en vous-même. Autrement dit, lorsque mon Allié·e semble à première vue me faire des reproches, il est inutile de lui rejeter la faute dessus, de le culpabiliser ou de ramener l'attention à mes propres ressentis. Peut-être que je pourrais plutôt tenter d'être pleinement présent·e à ses besoins tels qu'ils me sont exprimés. Enfin, tout aussi nécessaire de savoir s'exprimer de manière claire, honnête et authentique. Cessons les insinuations et autorisons-nous à être véritable et transparent·e aux yeux de notre Allié·e. Formulons nos demandes, nos peurs et nos interprétations, s'il y en a, de manière audible et sincère. Il n'y a qu'ainsi que nous nous offrons la chance de dialoguer l'un·e avec l'autre consciemment.

Lorsque cette carte s'invite dans votre tirage, elle vous rappelle l'importance du Dialogue restauratif. Elle ramène votre attention sur l'importance capitale d'utiliser des méthodes et outils pour vous permettre respectivement de vous comprendre et d'être compris·es.

Cette carte indique qu'un échange en conscience s'impose à présent. Vous avez tous·tes les deux profondément besoin de cultiver un état de compassion l'un·e à l'égard de l'autre. Votre amoureux·se est votre Allié·e et lui·elle aussi vit, ressent et éprouve une panoplie d'émotions et de sensations. Œuvrer pour le lien, c'est ouvrir son cœur pour percevoir et ressentir la souffrance de l'autre et, par amour, souhaiter y remédier dans le cadre de la relation.

Cela ne signifie pas pour autant de nous en rendre responsables ou de nous oublier au détriment de l'autre. Simplement, rappelez votre présence engagée à cette personne que vous aimez et qui a probablement besoin de l'entendre à nouveau. Cette carte vous invite également à vous ouvrir à d'autres vérités que les vôtres. Peu importe ce qu'il s'est passé dernièrement entre vous, mettez de la conscience sur votre tendance à l'interprétation et tentez de vous arrêter aux faits, et non à ce que vous en interprétez. Apprenez à identifier vos besoins, reprenez votre part de responsabilité dans ce que vous ressentez et exprimez-vous de manière sincère et honnête, en laissant l'espace à votre Allié·e de faire de même.

RITUEL

Assis·e l'un·e en face de l'autre, après avoir pris le temps de vous saluer les mains jointes sur le cœur, vous êtes invité·e·s à prendre une feuille avec un stylo et à compléter les phrases suivantes :

- J'aimerais discuter avec toi de...
- Parce qu'en fait je me suis senti·e à ce moment-là...
- Parce qu'en vérité cela vient faire résonance à...
- Si j'essaie de faire le parallèle avec des situations similaires dans mon enfance, je ressens que...
- Je comprends finalement que ce qui me fait peur ou m'incommode dans la situation actuelle, c'est...
- Peut-être que, la prochaine fois, je pourrai...
- Mais il est vrai que j'aurais aussi besoin de...
- C'est important pour moi quand tu...
- Qu'est-ce que tu en penses ?

Vous choisissez un·e Émetteur·rice et un·e Récepteur·rice (et vous inversez les rôles ensuite).

Le principe du Dialogue restauratif inspiré du Dialogue Imago qui consiste, dans un premier temps, à paraphraser votre Allié·e. Si vous êtes le·la Récepteur·rice, vous avez pour mission de répéter ses phrases mot pour mot en portant attention à votre communication non verbale, le but étant de rentrer en compassion avec ce qu'il·elle vous retranscrit. Vous n'avez pas le droit de poser des questions ni même de contredire ou de froncer les sourcils. Vous devez être là, une main sur votre cœur, une main qui tient celle de votre Allié·e, et vous devez écouter radicalement, sans jugement. Le but étant de rentrer en compassion avec ce que vous exprime votre Allié·e et également de valider ce qu'il·elle ressent. Nous allons cependant ajouter une étape de plus au Dialogue Imago – qui me paraît fondamentale – constitutive de la base du Dialogue restauratif. Dans un second temps et seulement quand votre amoureux·se aura terminé de s'exprimer, il vous est proposé de lui demander ce que vous pourriez faire à présent pour réparer ce qui a peut-être été abîmé et/ou pour apaiser et/ou améliorer la situation. Demandez à votre Allié·e ce qu'il·elle attend de vous et ouvrez grand votre cœur :

- Je t'ai entendu·e et je te remercie pour ta confiance.
- Je n'avais pas réalisé que…
- Je reconnais que des fois j'ai tendance à…
- Je suis désolé·e et je te demande pardon pour…
- Aujourd'hui, j'ai vraiment envie de…
- Je vais faire ce qu'il faut pour…

Si vous êtes Émetteur·rice, vous devez porter attention au choix de vos mots et également à rester audible tout au long de l'exercice.

Partagez vos réponses en veillant à maintenir votre main sur votre cœur, au plus proche de votre vérité intérieure.

Enfance, te revoilà

Nous avons trop souvent tendance à accuser notre Allié·e de tous nos maux, usant parfois de stratagèmes culpabilisants, autoritaires et jugeurs à son encontre. La plupart de nos reproches et de nos critiques nous renseignent finalement sur nos besoins inassouvis. Nous avons besoin d'être en lien et lorsque nous avons la sensation que ce n'est plus le cas, il est parfois plus simple d'en rendre l'autre responsable et de le·la gronder pour cela. Les colères, les peurs, les incompréhensions et les douleurs de *l'Enfant* en nous poussent à chercher en vain l'attention de notre Allié·e. Et parfois maladroitement, en nous plaignant ou en l'attaquant. Toutes ces fois où nous sommes blessé·e·s dans notre couple ne sont que la retranscription de nos blessures de l'enfance. Combien de fois éprouvons-nous d'atroces sensations qui entremêlent abandon, trahison, rejet, injustice, culpabilité, frustration, confusion, humiliation... ? Ne viennent-elles pas faire écho à des douleurs jadis autrefois éprouvées ? Lorsque, involontairement, notre Allié·e appuie sur les boutons sensibilisés de notre être, nous avons parfois tendance à lui en vouloir d'avoir osé. Ainsi, nous allons manifester dans la matière notre contrariété ; nous allons crier, pleurer, bouder, nous refermer, faire culpabiliser, provoquer, accuser, juger, nous déconnecter... Dans le but de nous défendre, voire de nous rendre justice. Mais quand allons-nous nous rencontrer véritablement ? À mon sens, nous avons encore trop souvent tendance à nous tromper d'ennemi·e. Ce n'est pas mon Allié·e qui me blesse, mais bel et bien mes blessures archaïques qui se réactivent à son contact.

Lorsque cette carte apparaît dans votre tirage, elle vous rappelle que la personne que vous avez en face de vous est elle aussi porteuse d'un *Enfant* en elle et d'un·e *Jeune Adulte en colère*[1], qui ne sont en rien responsables des violences ou douleurs subies durant l'enfance. Il est grand temps pour vous deux d'ouvrir les portes de votre cœur et d'écouter attentivement les appels à l'aide de vos facettes intérieures. Elles sont celles qui protestent, qui s'indignent, qui s'offusquent, lorsque l'autre réactive les

1. *Quand le couple répare*, Maureen Mellet, Solar, 2024. L'*Enfant* est comme un hologramme de nos mémoires de l'enfance. Et le *Jeune Adulte en colère* est la facette gardienne de ses mémoires, de sa parole et est dans une recherche de Justice.

plaies émotionnelles du passé. Ouvrir le cœur, c'est ouvrir l'âme à la vulnérabilité de l'être. C'est s'autoriser à poser le genou à terre aux côtés de celui ou celle que l'on aime et audacieusement avouer « j'ai peur » et « j'ai besoin de ». Ensemble, vous vous donnez la chance de vous rencontrer authentiquement. Non pas parce que vous le devez, mais bien parce que vous le choisissez. Alors, mettez de la conscience sur vos blessures de l'enfance pour leur permettre d'être accueillies en vous-même, par vous-même, par votre Allié·e et par la Médecine de votre couple.

RITUEL

Vous êtes invité·e·s à vous asseoir l'un·e en face de l'autre et, le temps d'une dizaine de minutes, à porter votre attention sur votre respiration. Ramenez simplement de la présence en vous-mêmes, puis, quand vous vous sentirez prêt·e·s, prenez une feuille et un stylo et répondez aux questions suivantes :

- Les blessures qui ont eu le plus tendance à se réactiver au travers de mes relations amoureuses sont...
- Quand je suis en contact avec ces blessures, j'ai tendance à me sentir...
- Et, du coup, face à ces sentiments et émotions, j'ai tendance à adopter les comportements suivants...
- Le masque que je porte généralement face à toi, c'est celui de...
- En fait, ce que je redoute le plus dans ce genre de moment, c'est...
- Et ce dont j'aurais besoin, c'est...

Une fois l'exercice réalisé, partagez vos réponses chacun·e votre tour en respectant les règles du Dialogue restauratif[2].

2. Voir page 91.

Engagement conscient

À mon sens, c'est l'un des principes clés de la pérennité d'un couple. La notion d'engagement a souvent tendance à faire peur, voire à en faire fuir certain·e·s dans la direction opposée. Pourtant, elle est indispensable pour que les deux Allié·e·s puissent se sentir protégé·e·s et en sécurité dans leur couple face à l'adversité. Sentir que l'un·e et l'autre sont investi·e·s émotionnellement et affectivement, qu'ils·elles sont dans le souci de faire de leur mieux, de prendre soin l'un·e de l'autre et de se soutenir face aux épreuves de la vie. Ils·elles pourront ainsi gérer les crises ensemble et décider de les percevoir comme des espaces de transformation et d'évolution, pour grandir et évoluer respectivement.

L'engagement conscient est un accord de complicité, d'honnêteté, de respect et de coopération mutuels, en constante évolution. Car, une fois passée l'illusion des plaisirs éphémères consommés, il ne reste pas grand-chose à construire. En revanche, lorsque l'on décide de sortir du plaisir immédiat pour s'inscrire dans la joie du partage au long terme, on décide alors audacieusement de croire en soi, en son Allié·e et en son couple. L'engagement n'est pas une perte de liberté ou une prison dorée. Il est un choix décisif et respectif, conscient, qui promet sécurité, indulgence, entraide et amour.

Lorsque cette carte s'invite dans votre tirage, elle vous rappelle que vous êtes une équipe, deux Allié·e·s qui ont fait le choix conscient et volontaire de s'unir pour créer et alimenter leur lien et leur amour. Elle vous rappelle l'importance de mobiliser votre énergie dans le but de vous développer et d'évoluer ensemble sur votre chemin de vie de couple et aussi sur vos chemins de vie respectifs. Il est temps pour vous d'accepter de vous montrer tel·le que vous êtes et de plonger dans l'expérience initiatique du Couple Allié®. C'est-à-dire de prendre le risque de faire tomber le masque, de parler de vos peurs, de vos besoins, de vos failles, de vos attentes et de vos appréhensions. Je vous invite à être conscient·e de votre sensibilité, de vos limites et de vos parts d'ombre. Car, oui, vous n'êtes pas infaillible ni même tout·e-puissant·e. Plus vite vous vous en rendrez compte et plus vite vous laisserez davantage de place à votre Allié·e pour tenir votre main lorsque vous en aurez besoin. Peut-être est-ce le moment pour vous d'établir des principes de vie commune, c'est-à-dire de faire le point sur votre vision du monde, vos valeurs partagées, vos projets, vos aspirations. Et puis de vous autoriser, ensemble, à prendre un risque important : celui d'aimer et de parier sur votre union. Il est vrai que s'engager et s'impliquer émotionnellement peut nous faire envisager l'idée d'être déçu·e, trahi·e, abandonné·e ou quitté·e. Mais comment pouvons-nous vivre pleinement notre relation de couple si nous refusons les éventualités ? Développez votre foi en vous-même, en votre Allié·e et en la vie. Chaque expérience est une mine d'or de trésor. Que votre couple dure pour l'éternité ou seulement quelques chapitres de votre vie, vous devez le considérer à sa juste valeur et lui donner tout ce que vous avez en vous-même aujourd'hui. Rien ne sert de se préparer à souffrir au risque de passer à côté des cadeaux de votre couple, que sont les apprentissages de votre relation.

RITUEL

Assis·e l'un·e en face de l'autre, fermez les yeux et prenez 5 profondes inspirations en écoutant ce qu'il se passe dans votre corps après la lecture de ce texte.

Qu'est-ce qui s'active à l'intérieur de vous ? Y a-t-il des résistances particulières qui s'invitent ou, au contraire, vous sentez-vous soulagé·e ? Ensuite, je vous propose de prendre une feuille et un stylo et de noter en haut de votre feuille « Engagement », puis d'activer un chronomètre durant 5 minutes (pas plus, pas moins). Laissez l'écriture intuitive vous guider. Et même si vous ne savez pas quoi écrire, écrivez « je ne sais pas quoi écrire ».

Enchaînez les mots, les phrases, les idées, les dessins peut-être. Ne cherchez pas à faire des phrases cohérentes ou complexes. Laissez-vous la liberté d'écrire simplement ce qui vient à la vue de ce mot « Engagement », puis partagez vos réponses avec votre Allié·e tout en restant conscient·e et vigilant·e vis-à-vis de vos réactions corporelles.

Ensemble, coresponsables

Le couple est le Temple de nos histoires respectives et de notre union commune. Il est le lieu au travers duquel chacun·e ramène un peu de lui·elle dans le but de colorer, peindre et dessiner ce qu'il·elle est et ce qu'il·elle entrevoit de la vie. Chacun·e est en possession de ses pinceaux, de ses pots de peinture, de ses craies, de ses crayons et de ses feutres. Chacun·e pense avoir appris et compris comment mélanger les couleurs pour rendre le lieu somptueux, à l'image de ses aspirations et de sa vision du monde. Parfois, il arrive que l'on ne perçoive pas les choses tout à fait de la même façon, que l'on ne souhaite pas forcément aller dans la même direction ou qu'on diverge sur nos opinions. Quelquefois, il nous arrive de nous déresponsabiliser en nous accusant mutuellement dans notre immaturité et dans notre incompétence à peindre ou à dessiner. Nous nous retrouvons à nous assommer de reproches culpabilisants, persuadé·e·s respectivement que si nous en sommes arrivé·e·s là, c'est à cause de Toi, et non de Moi. C'est toi qui ne sais pas, qui as fauté, qui t'es trompé·e de direction. Englué·e·s dans nos certitudes et notre mauvaise foi, nous observons parfois le chaos qui semble ensevelir notre vie amoureuse en nous convainquant qu'il s'agit simplement du reflet des erreurs ou des manquements de notre Allié·e.

Lorsque cette carte apparaît dans votre tirage, elle vous rappelle avec douceur que si les choses ne fonctionnent pas actuellement comme vous le souhaiteriez au sein de votre relation, vous avez tous·tes les deux votre part de responsabilité.

Coresponsables signifie que toi comme moi sommes acteur·rice·s et décisionnaires de notre lien. Toi comme moi sommes 100 % coresponsables de la qualité de notre lien et de son entretien. Toi comme moi sommes les créateur·rice·s de nos échanges, de nos interactions, des règles et devoirs implicites qui existent au sein même de notre Nous.

Ainsi, cette carte vous invite à reprendre respectivement votre part de responsabilité, car vous avez tous·tes les deux le pouvoir créateur de mener à bien vos projets et votre volonté profonde de vous aimer.

Peut-être est-il nécessaire à cet instant de vous poser respectivement la question suivante dans l'indulgence et le respect à l'égard de vous-même : quels sont les mots, les pensées et les comportements que j'ai eu tendance à adopter ces derniers temps et qui ont grandement contribué à la naissance de la situation actuelle ? Laissez votre cœur répondre, car lui seul aura le courage de l'admettre.

RITUEL

Assis l'un·e face à l'autre, feuille et stylo en main, prenez le temps de répondre à ces quelques questions :

- Est-ce que j'ai tendance à reporter la responsabilité des situations désagréables que je rencontre sur mon Allié·e ?
- Si oui, de quelle manière je procède ?
- Suis-je dans l'attaque ou davantage sur la défensive ?
- Qu'est-ce qui me fait peur à l'idée de reconnaître ma part de responsabilité ?

Puis partagez vos réponses avec amour et conscience.

Et si on s'accordait ?

Il existe tant de manières de démontrer son amour, son implication, son engagement. Chacun·e à sa façon, et en fonction de sa carte du monde intérieure, on peut manifester l'amour qu'on porte à notre Allié·e de mille et une façons. Mais vous le savez, nous sommes tous·tes différent·e·s et il serait illusoire de croire qu'il en serait autrement pour les langages de l'amour, comme l'illustre assez bien Gary Chapman. Certain·e·s d'entre nous sont particulièrement à l'aise pour les démonstrations affectives, comme les câlins, les caresses, la volonté de se relier et de s'unir grâce aux conversations érotiques. D'autres vont chercher à faire plaisir, être serviables, soucieux·ses et plein·e·s de petites attentions. D'autres encore vont chercher à passer du temps de qualité avec leur Allié·e et seront force de proposition. Ils·elles chercheront à organiser des moments de partage et de complicité dans le but de se retrouver. D'autres encore valorisent l'amour qu'ils·elles portent à leur Allié·e par le biais des mots. Des mots gentils, des encouragements, du soutien, des compliments. Certains utilisent la voix de la surprise, des cadeaux, du don, des faveurs. Et puis il y en a celles et ceux qui sont plutôt polyvalent·e·s et qui, en fonction des humeurs, des moments et de la connexion au lien, vont utiliser des modes communicationnels différents.

Lorsque cette carte s'invite dans votre tirage, elle vous rappelle que les frustrations que vous ressentez peut-être aujourd'hui dans votre vie de couple sont en grande partie liées au fait que vous ne partagez pas le même langage de l'amour avec votre Allié·e et qu'il est nécessaire de vous (ré)accorder. Le challenge de la relation n'est pas d'aimer comme on le souhaite, mais bien de parvenir à aimer l'autre tel qu'il·elle le demande, tout en restant aligné·e et intègre avec nous-même. Il est facile d'aimer son Allié·e de la façon dont nous aimerions être aimé·e·s, c'est d'ailleurs bien souvent ce que l'on fait la plupart du temps. Mais peut-être est-il temps pour vous de comprendre que votre manière d'aimer n'est peut-être pas celle dont votre Allié·e a besoin. Peut-être que toutes ces fois où vous pensez l'aimer correctement ne sont finalement que le doux reflet de la manière dont vous aimeriez être aimé·e. Si je passe mon temps à te dire que tu es beau·belle alors que tu as surtout besoin de mes bras qui t'enlacent, je peux m'évertuer à te rassurer par les mots autant que je peux, quelque chose en toi ne sera jamais complètement rassasié. Aujourd'hui et tous·tes les deux, vous avez besoin d'accorder votre langage et de vous donner mutuellement non pas ce que vous aimeriez recevoir, mais bel et bien ce qui est nécessaire pour l'un·e et l'autre. Cette carte vous rappelle également que votre Allié·e est là pour vous demander de lui donner ce qui vous est le plus difficile à donner. Non point pour vous embêter, mais bel et bien pour vous pousser à grandir et à sortir de vos conditionnements. Alors, essayez, vous allez voir, c'est incroyablement libérateur. Observez-vous progresser à ses côtés.

RITUEL

Assis·e l'un·e en face de l'autre, après avoir pris le temps de vous recentrer chacun·e de votre côté en vous-même, vous êtes invité·e·s à pratiquer une respiration du cœur. Pour cela, visualisez l'inspiration depuis votre cœur puis l'expiration partout en dedans de votre cœur. Vous pourrez, dans un deuxième temps, prendre une feuille et un stylo et répondre aux questions suivantes :

- Comment ai-je tendance à démontrer mon amour à mon Allié·e ?
- Qu'est-ce que j'attends de la part de mon Allié·e pour me sentir aimé·e ?
- Ai-je tendance à attendre de lui·elle les mêmes gestes d'amour que j'ai tendance à lui témoigner ?

Puis, après avoir partagé vos réponses ensemble, posez-vous respectivement la question suivante :

- De quoi as-tu besoin pour te sentir aimé·e et protégé·e dans notre lien ? Que puis-je faire pour toi, pour nous en ce moment ?

Et laissez-vous l'espace d'y répondre avec amour et pleine présence.

Exploration érotique

On pense souvent à tort que la passion dévorante du début ne peut que s'amoindrir avec le temps. Et pourtant, ces débuts d'engouement, de baisers langoureux et d'intense passion ne sont que le hors-d'œuvre d'une relation intime auprès de son Allié·e (si tant est que nous en ressentions l'envie, évidemment). La société, les films, les livres et les expériences de certain·e·s nous conditionnent parfois à entrevoir les débuts de la relation amoureuse comme une expérience, certes explosive et voluptueuse, mais éphémère. Et qui, tôt ou tard, tendra à s'éteindre. Or il n'en est rien, car le sexe n'est pas une fin en soi. Une exploration érotique satisfaisante, connectée et nourricière pour les deux Allié·e·s est toujours une merveilleuse opportunité de resserrer le lien et de faire vibrer les corps. Et pour que le lien intime puisse exister, il me paraît important de s'autoriser à explorer ensemble en s'exposant avec vulnérabilité. Et surtout, d'apprendre à communiquer sur ce que l'on aime et ce que l'on n'aime pas. Ainsi, ce n'est pas toujours évident de s'harmoniser et de se synchroniser dans nos relations intimes. Beaucoup de facteurs entrent en jeu et peuvent indirectement influencer notre rapport à l'autre. Ceux·celles n'ayant jamais appris à faire confiance auront plutôt tendance à s'orienter vers du sexe-consommé dans le but d'amoindrir les tensions et d'atteindre l'orgasme. D'autres, plus enclin·e·s au besoin de réassurance et d'estime, se dirigeront vers le sexe-réconfort en guise d'apaisement interne. Mais, lorsque le lien est solide et que le consentement est une règle indiscutable au sein du couple, l'expérience peut nous offrir une intense connexion, une confiance profonde et un investissement émotionnel mutuel. J'appelle cela l'exploration érotique. Le sexe entremêle alors harmonie physique, émotionnelle et spirituelle. Il comble, connecte, rassure et protège. Le plaisir physique n'est plus une fin en soi, et la connexion tout comme la sécurité, quant à elles, se veulent reines de chacun de nos ébats.

Cette carte vous invite à vous ouvrir à votre Allié·e avec sensibilité et tendresse en vue d'une exploration érotique. À accueillir votre corps et le sien dans leur globalité, car chacune de leurs parties est divinement parfaite et aucune d'entre elles n'est à privilégier au détriment d'une autre. On vous encourage à commencer ce voyage introspectif, à partir à la conquête de votre connexion intime, de votre monde émotionnel, énergétique, spirituel et physique, pour grandir ensemble et éveiller mutuellement votre puissance intérieure (seulement si vous en avez envie et si cela fait sens). Une invitation à approfondir sa connexion et son intelligence relationnelle par le biais d'une sexualité consciente, connectée, centrée sur le Nous, gardienne de sécurité et de l'intégrité du corps de chacun·e et soucieuse de votre bien-être respectif.

RITUEL

Prenez le temps aujourd'hui de vous retrouver l'un·e avec l'autre en toute intimité. Préparez un environnement doux, paisible, chaleureux et sensuel. N'hésitez pas à allumer des bougies, de l'encens, à mettre de la musique et à tamiser les lumières. Il est indispensable d'avoir, au préalable, pratiqué une activité qui a mis au repos votre système nerveux (danse, bain, massage, yoga, méditation, sport...). Si c'est OK pour vous, tentez de réaliser cet exercice en étant nu·e·s. Asseyez-vous l'un·e en face de l'autre, sans vous toucher, et commencez par être dans l'ici et maintenant, simplement en vous regardant, pendant une dizaine de minutes. Dans un second temps, vous pourrez vous rapprocher et coller vos genoux les uns contre les autres en synchronisant votre respiration. Fermez les yeux et connectez-vous à présent au cœur de votre Allié·e. À chaque inspiration, sentez le souffle de vie et de puissance sacrée partir du bas de votre colonne vertébrale, remonter le long de votre dos puis se diriger en direction de celui de votre amoureux·se. Et vice versa. Pratiquez cette respiration sacrée pendant quinze minutes. Puis prenez le temps de vous toucher mutuellement, avec amour, sensibilité et sensualité en évitant les zones sexuelles habituelles (seins, pénis, vulve…) pour tenter de vous concentrer uniquement sur l'intégralité du corps. Découvrez chaque recoin de vos corps respectifs et considérez chacune de ces parties comme des zones extraordinaires.

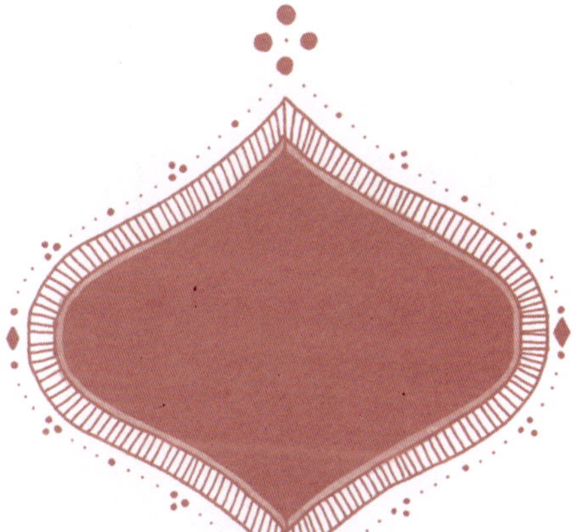

Gardien·ne de ton âme

S'il y a bien une chose qui fait drastiquement évoluer un couple ensemble, c'est le jour où les deux Allié·e·s comprennent que la liberté qu'offre leur relation est indissociable de la responsabilité qu'ils·elles ont l'un·e envers l'autre. Lorsque je comprends que tu es tout aussi important·e que moi ; que tes choix, tes limites, tes besoins, tes blessures, tes peurs, ton histoire, tes croyances, sont tout aussi légitimes que les miens, alors je réalise à quel point j'ai une grande responsabilité à ton égard et à l'égard de notre union. En ce sens, les concessions, peut-être si douloureuses par le passé, deviennent des choix conscients pour préserver le couple et la qualité du lien. Revoir certaines de ses exigences et de ses interdits devient des zones d'exploration dans lesquelles nous nous autorisons à remettre en question et à nous poser de nouvelles interrogations. La différence entre nous et nos parts d'ombre se transforme en de grandes fiertés. La rivalité et la lutte pour le pouvoir se renouvellent en une profonde complicité. Pourquoi ? Parce que je comprends enfin que je suis le·la Gardien·ne de ce Temple Sacré qu'est notre union et que, en ce sens, je me dois de te protéger, de nous protéger, tout comme toi à mon égard. L'un des fondements de la philosophie Couple Allié®.

Lorsque cette carte s'invite dans votre tirage, elle vous propose de sortir du « toi de ton côté et moi du mien » pour plonger véritablement dans le Nous qui cherche à reprendre sa place centrale. Il n'est nullement question de rejeter votre individualité, mais plus de faire le choix conscient de la mettre au service de votre relation. Car le jour où vous serez enfin capables de poser le genou à terre, vous regarder droit dans les yeux et vous dire mutuellement : « notre amour est l'une des choses les plus importantes de mon existence », alors tout changera. Au sein du Couple Allié®, mes problèmes deviennent nos problèmes et tes problèmes deviennent nos problèmes. Tes peurs, tes blessures, tes rêves, ta quête sont les nôtres, tout comme mes peurs, mes blessures, mes rêves et ma quête sont les nôtres. Mes besoins sont aussi légitimes que les tiens. Tes limites sont aussi importantes que les miennes. Et si vous vous offriez à votre amour ? Et si vous vous incliniez devant votre relation ? Vous êtes respectivement les Gardien·ne·s de votre couple. Rappelez-vous qu'il est très important de vous protéger mutuellement, quoi qu'il en coûte. D'autant plus important d'être là l'un·e pour l'autre jusqu'à ce que vous en décidiez autrement. Ensemble, défendez-vous, préservez-vous, remerciez-vous et n'ayez plus peur de votre attachement. Au contraire, faites-en votre plus grande fierté et gardez précieusement en sécurité les portes du cœur de votre Allié·e.

RITUEL

Prenez le temps de vous installer dans un lieu calme et sécurisant pour vous. Vous pouvez y allumer de l'encens et quelques bougies. Avant de pratiquer ce rituel, il est important d'avoir réalisé une activité qui tranquillise votre système nerveux (danse, chant, sport, massage, bain...). Vous pourrez également, dans un second temps, pratiquer la respiration du cœur (inspiration depuis le cœur et expiration en direction du cœur lui-même). Puis, en vous asseyant l'un·e face à l'autre, munissez-vous d'une feuille et d'un stylo.

Faites une première colonne à gauche et écrivez tous vos « problèmes » actuels – vos peurs, appréhensions, difficultés, stress de tous les jours, et ce qu'il s'agisse de la sphère amoureuse, amicale, familiale, professionnelle, matérielle...

Dans la colonne du milieu, écrivez tous les sentiments que cela génère en vous d'être confronté·e à tous ces problèmes. Essayez d'être le·la plus honnête possible avec vous-même.

Donnez ensuite votre feuille à votre Allié·e et laissez-lui le temps de s'en imprégner afin de se connecter à ses émotions tout en vous lisant.

Puis, dans un dernier temps, prenez ensemble une nouvelle feuille. En haut de celle-ci, inscrivez « Nos problèmes – nos difficultés ». Et reprenez la liste de chacun·e pour l'inscrire sur la colonne de gauche. Quant à la colonne de droite, apportez-y une réponse ensemble. C'est le Nous qui va s'exprimer. Qu'est-ce que le Nous compte faire pour prendre soin des problèmes/difficultés qui appartiennent aux Je de chacun·e?

Humilité

L'humilité au sein du couple fait appel à notre capacité à nous observer de manière réaliste en prenant conscience de notre incomplétude et de nos incompétences. Nous ne sommes pas tout·e-puissant·e·s et nous ne savons pas tout, fort heureusement !

Trop souvent, nous avons tendance à croire que nous savons plus de choses que notre Allié·e n'en sait. Nous tentons parfois d'expliquer ce qu'il·elle ne semble pas avoir encore compris en nous murmurant silencieusement le fameux : « il·elle finira par comprendre ».

Tant de fois encore, trop ancré·e·s dans notre propre réalité, nous pensons avancer sur le chemin de l'évolution, là où notre Allié·e semble stagner. Tant de fois encore, enraciné·e·s dans nos propres conditionnements, nos croyances et l'histoire que nous nous racontons, nous percevons nos différences de point de vue comme l'illustration même des inaptitudes, des aveuglements et des inexpériences de notre amoureux·se. Et nous passons malheureusement à côté de la sagesse de ses mots et de l'opportunité qu'il·elle nous offre à nous enrichir de ses connaissances.

De trop nombreuses fois, nous pensons savoir ce dont il·elle a besoin, ce dont il·elle manque, ce qu'il·elle se cache à lui·elle-même ou ce qu'il·elle refuse d'admettre. Et c'est ainsi que nous nous positionnons comme le parent-enseignant qui, au nom de ses convictions, l'infantilise outrageusement, dans le but de se donner un peu plus de consistance.

Lorsque cette carte apparaît dans votre tirage, elle vous invite à prendre de la hauteur, à ravaler votre fierté, à calmer les candeurs de votre ego et à vous aventurer sur les chemins extraordinaires de l'humilité.

Aujourd'hui, il est temps pour vous de comprendre que vos différentes perceptions vous offrent l'espace d'entremêler vos vérités intérieures. Il est temps pour vous de comprendre que vous n'êtes pas plus légitime que votre Allié·e à penser de cette façon-là et que vous n'êtes pas à votre place lorsque vous pensez savoir ce qui est le mieux pour lui·elle.

N'oubliez jamais que ses points de vue enrichissent les vôtres, au-delà d'illustrer à merveille l'incomplétude de votre être. Car la réalité est bien souvent beaucoup plus vaste et complexe que celle que vous tentez de concevoir chacun·e de votre côté.

RITUEL

Prenez le temps de vous retrouver l'un·e avec l'autre en toute intimité. Asseyez-vous l'un·e en face de l'autre et commencez simplement par vous regarder. Avec confiance, avec amour, avec humilité, voyez comme votre Allié·e est grand·e, plein·e de ressources, de savoirs et d'expériences. Dans un second temps, rapprochez vos genoux et synchronisez votre respiration. Fermez les yeux, connectez-vous à présent au cœur de votre Allié·e. Et demandez-vous intérieurement: «Que voit-il que je ne vois pas encore?», «Que comprend-il que je ne comprends pas encore?». Laissez les réponses venir à vous, simplement et naturellement.

Puis, à tour de rôle, prenez la parole et commencez vos phrases par:

«Merci, mon Allié·e, de me donner la chance d'entrevoir le monde sous un autre angle de vue. Grâce à toi, je me rends compte qu'il est aussi possible de... (penser, dire, voir ça...).»

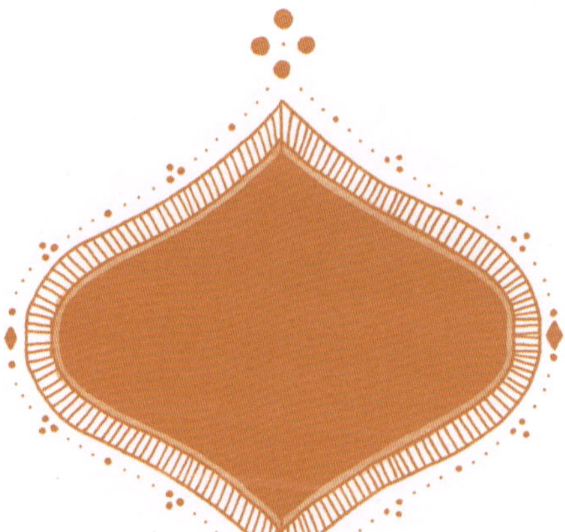

Je te demande pardon

Nous pouvons tous·tes nous comporter comme des crapules de temps à autre. Au sein du couple, nous sommes loin d'être irréprochables. Le problème de cela, c'est quand, au sein des tempêtes, des crises et des conflits – lorsque notre système de survie interne arrive à son paroxysme et que nous considérons notre Allié·e comme notre ennemi·e –, nous franchissons certaines limites. Ces fois où nous instaurons davantage de distance que nécessaire, ces fois où nous perdons le contrôle de notre colère et nous nous observons brandir des armes de mots et parfois de gestes inacceptables. Et nous nous retrouvons quelquefois à avoir dit des horreurs qui dépassaient notre pensée ou à adopter des attitudes qui ont profondément meurtri le cœur de notre Allié·e. Si les conflits et les crises font partie de la vie du couple, faire preuve de violence en son sein est tout autre. Car je le rappelle : les violences au sein du couple sont des crimes illégaux condamnables par la loi (contrairement aux disputes). Malheureusement, nous sommes nombreux·ses à utiliser des transactions violentes quotidiennes, et plus couramment qu'on ne le pense ou qu'on ne l'assume ! Nous devons absolument nous rendre responsables et faire appel à notre cerveau conscient, notre préfrontal, pour reprendre les commandes lorsque les tempêtes éclatent. Et puis, a posteriori, il faudra, comme tout le monde, encaisser et assumer les dégâts causés.

Lorsque cette carte s'invite dans votre tirage, elle vous propose d'entrevoir l'idée que, cette fois-ci, vous êtes peut-être allé·e trop loin. Trop loin dans vos mots, dans vos provocations, dans vos comportements. À des échelles et intensités différentes, il nous est plus ou moins tous·tes arrivé d'aller trop loin. Et, en ce sens, nous devons le reconnaître, nous en excuser, en assumer les conséquences et chercher à réparer nos erreurs. Si vous êtes seul·e dans le couple à avoir tiré cette carte, alors elle vous indique que vous avez une plus grande part de responsabilité aujourd'hui dans les difficultés que vous traversez. Cela ne signifie pas que vous êtes plus coupable que votre Allié·e, simplement que l'enjeu de prendre vos responsabilités et de demander pardon est d'autant plus important de votre côté. Si vous l'avez tirée pour vous deux, vous êtes tous·tes les deux concerné·e·s, vous devez vous présenter vos excuses respectivement et œuvrer ensemble pour réparer ce que vous venez d'abîmer. Refuser de demander pardon quand on sait être allé·e·s trop loin est le signe d'une grande immaturité émotionnelle et d'une souffrance profonde. Il est fondamental que vous puissiez saisir l'importance capitale de reprendre votre pouvoir et d'assumer les conséquences de vos actes. Nous faisons tous·tes des erreurs, inutile de nous flageller pour ça. En revanche, nous devons nous comporter comme des « Adultes Responsables[1] », des Allié·e·s déterminé·e·s à œuvrer pour le bien commun de leur relation. Aujourd'hui, il est nécessaire de vous demander pardon pour la situation actuelle et également de vous questionner sur comment vous pourriez vous ancrer dans un processus de réparation.

1. *Quand le couple répare*, Maureen Mellet, *op. cit.*

RITUEL

Après avoir pratiqué pendant deux bonnes minutes une respiration du cœur (inspirer depuis le cœur et expirer en direction du cœur lui-même), l'un·e assis·e en face de l'autre, prenez une feuille et un stylo et répondez aux questions suivantes :

- Pour quelles raisons je plaide coupable aujourd'hui ?
- Qu'ai-je fait ou dit qui a pu nuire de manière directe ou indirecte à l'image que tu te portes ou que tu me portes ?
- Qu'aurais-je pu éviter de dire ou de faire ?
- Comment pourrais-je réparer ce que j'ai fait (et est-ce que ça répond à ton besoin ?) : trouvez au moins 3 actions concrètes à mettre en place dès maintenant.

Prenez le temps qu'il vous faut et réalisez cet exercice en conscience. Quand vous aurez fini tous·tes les deux, échangez de vive voix dans l'amour et le respect en pratiquant les règles du Dialogue restauratif[2]. Et surtout, mettez en pratique vos actions concrètes une fois validées par votre Allié·e.

2. Voir page 91.

Je te tiens

L'amour est un besoin primaire pour tout être humain sur cette Terre au même titre que boire, manger et dormir. Nous avons tous·tes besoin d'être aimé·e·s, protégé·e·s, sécurisé·e·s, regardé·e·s, touché·e·s et reconnu·e·s. D'autant plus dans le cadre de la relation de couple. Nous avons tous·tes besoin d'éprouver un lien d'attachement émotionnel sécurisant auprès de notre Allié·e. Alors, qu'est-ce que cela signifie exactement ? Nous avons besoin de partager avec notre Allié·e une profonde intimité émotionnelle. Sentir que nous sommes tous·tes les deux connecté·e·s, que tu cherches à me comprendre et que tu légitimes mes émotions. J'ai besoin de savoir que je peux compter sur toi et que tu te battras toujours pour Nous soutenir face aux épreuves de la vie. Si je sais que tu es là, que tu me comprends et que tu me soutiens, quoi qu'il advienne, alors je me sens capable de soulever des montagnes, d'explorer le monde en toute sécurité et de partir à la conquête de l'humanité. Il n'y a aucune honte à éprouver ces besoins émotionnels et affectifs vitaux pour faire couple dans la confiance et la sécurité. Et, en tant qu'humains sur cette Terre, nous avons tous·tes besoin de savoir que notre Allié·e cherchera toujours à préserver notre intégrité physique, psychique, émotionnelle et spirituelle. Et c'est parce que toutes ces conditions sont réunies que certain·e·s s'observent oser des choses qu'ils n'avaient, jusqu'alors, jamais envisagées. Oui, l'avenir ne nous fait plus peur, car nous savons que nous ne serons plus seul·e·s. Et ça, ça change absolument tout !

Lorsque cette carte apparaît dans votre tirage, elle vous rappelle à votre besoin de sécurité et à celle de votre Allié·e. « Je te tiens », autrement dit, je comprends que tu as besoin de savoir que tu peux compter sur moi et sache que je suis là pour toi. Cette carte fait appel à votre capacité à vous relier au besoin de réassurance et de sécurité de la personne que vous aimez sans vous sentir menacé·e dans votre liberté. Et elle vous invite également à vous questionner sur ce que vous ressentez en ce moment. Vous sentez-vous réellement connecté·e·s et en sécurité dans votre union ? Existe-t-il des inquiétudes latentes dont vous n'osez parler en ce moment de peur d'être jugé·e·s ? Nous sommes encore trop souvent pudiques sur l'expression de nos sentiments alors qu'ils font bien souvent toute la différence au sein du couple. Peut-être est-il nécessaire pour vous deux, en ce moment, de prendre davantage le temps de vous rassurer mutuellement et de vous démontrer affectivement votre amour. Il peut s'agir d'attentions, de mots doux, de projets communs, de câlins. Libre à vous d'explorer ce qui prend soin de votre couple.

RITUEL

Fermez les yeux, l'un·e assis·e en face de l'autre, et centrez votre attention sur votre respiration. Dans un premier temps, tentez de synchroniser vos deux respirations. Inspirez puis expirez profondément en même temps. Il s'agit d'une méditation de connexion profonde à votre lien. Dans un second temps, vous pouvez vous rapprocher l'un·e de l'autre et vous enlacer avec tendresse. Continuez de respirer ensemble, serrez-vous fort, avec amour, avec pleine présence, avec confiance et répétez les phrases suivantes ensemble :

« Je suis là.

Pleinement en contact avec ta peau, ton corps, ta chair.

Je suis là.

Pleinement présent·e à tes maux, tes peurs, tes blessures.

Je suis là.

Pleinement connecté·e à tes rêves, ton être, ton âme.

Je suis là, avec toi, à cet instant.

Je suis là et m'engage à le rester, jusqu'à ce que l'on en décide autrement.

Je suis là, je prends soin de toi, tu peux compter sur moi. »

Je te vois

Il y a des choses que nous apprenons à développer avec le temps. Des choses qui, de manière générale, se «compétencent» par la détermination à apprendre. En effet, l'art de t'aimer et de me laisser aimer au sein de notre union est une réelle compétence à développer. Et puis il existe des choses de l'ordre de l'inné. Des choses qui nous habitent depuis toujours, et cela bien avant notre incarnation. Des forces incommensurables qui ne nous demandent aucun effort, si ce n'est d'être nous-mêmes. Pour certain·e·s, le courage, la créativité ou l'humour leur demande implication, volonté, consistance. Tandis que, pour d'autres, cela fait partie intégrante de leur être. Ils n'ont jamais eu besoin d'apprendre à les développer, ça a toujours été là. Une force, un don, un cadeau de l'Univers, qu'importe le nom qu'on lui donne, ces aptitudes bien souvent extraordinaires fondent notre singularité. Auprès de notre Allié·e, nous pourrions nous émerveiller de cela, n'est-ce pas? Pourtant, et bien souvent, ses aptitudes, ses forces, ses facilités nous renvoient à nos propres rétrécissements internes, à nos propres limites intérieures. Il devient alors plus facile de demander à la personne que nous aimons de changer, en condamnant ses forces et en les faisant passer pour des faiblesses, par exemple. Tu n'es pas drôle, tu es lourd·e. Tu n'es pas généreux·se, tu es trop gentil·le et tu te feras avoir. Tu n'es pas bien organisé·e, tu es psychorigide. Tu n'es pas courageux·se, tu cherches à te rendre la vie difficile et à te mettre en danger. Tu n'es pas honnête, tu es trop dur·e. Tu n'es pas éveillé·e, tu es perché·e. Et ce qui, à la base, m'avait profondément plu et émerveillé·e devient l'une des raisons pour lesquelles je songe parfois à te quitter.

Lorsque cette carte s'invite dans votre tirage, elle vous offre l'opportunité de vous rappeler que votre Allié·e est votre cadeau. Une invitation, en ce jour, à vous regarder autrement. Prendre conscience que cette personne que vous aimez est emplie de dons et de lumière qui sert à sa manière l'humanité tout entière. Comprenez ensemble que ce que vous pensez devoir combattre au sein de votre union n'est autre que ce que vous avez toujours profondément aimé chez votre Allié·e et ce dont vous estimez être dépossédé·e. Réalisez que rien ne sert de vous demander respectivement de changer ou de faire des efforts là où, instinctivement, vous vous connectez à votre art.

Essayez de vous demander si ce qui vous énerve parfois tant chez l'autre n'est finalement pas ce que vous condamnez en vous-même ? Et, ainsi, tous tes traits de caractère, tes dons, tes aptitudes, qui parfois me bousculent, deviennent des forces incroyables dont je peux m'inspirer tous les jours.

Oui, il est grand temps de vous rappeler que vous êtes vos cadeaux respectifs, le souvenir de votre Essence véritable.

RITUEL

Prenez le temps de vous asseoir l'un·e en face de l'autre en posant la main sur vos cœurs respectifs. Durant une bonne minute, respirez ensemble en suivant le rythme de : inspire sur 4 temps et expire sur 6. Puis vous pourrez dans un second temps prendre une feuille et un stylo et tenter de répondre aux questions suivantes :

- Qu'est-ce que j'ai tout de suite aimé et adoré chez mon Allié·e ?
- Quels sont à mon sens ses dons ? Ses aptitudes et capacités incroyables ?

- En quoi cela sert notre vie de tous les jours ? En quoi cela contribue à mon épanouissement personnel ainsi qu'à l'épanouissement de notre couple ?
- Qu'est-ce qu'il·elle fait différemment de moi, mais qui finalement est tout aussi indispensable à notre équilibre ?
- Comment pourrais-je reconnaître ses dons et les honorer ?
- Pour quelles raisons suis-je reconnaissant·e ou fier·ère de partager ma vie à ses côtés ?

Après avoir répondu aux questions en conscience, échangez de vive voix en vous tenant les mains et en vous regardant dans les yeux.

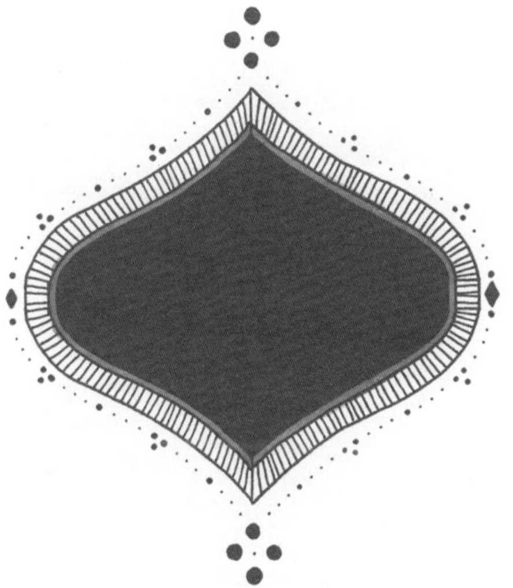

Jeu dangereux

Combien de fois nous retrouvons-nous dans des rapports de force ? « Ce n'est pas moi, c'est toi. » « J'ai fait ça parce que tu as dit ça. » Combien de fois nous surprenons-nous à brandir les armes à l'égard de notre Allié·e en cherchant temporairement à nous défendre de lui ou d'elle ? L'un·e va entamer la lutte aiguisée tandis que l'autre ne tardera pas à se défendre avec ardeur. Très vite, le jeu de pouvoir peut se transformer en une succession d'accusations, d'agressions et de reproches, où chacun·e recherche la déresponsabilisation en vue de survivre. Et quelles sont les règles implicites de ce jeu dangereux auquel bon nombre de couples jouent discrètement à l'abri des regards ? Je vais vous le dire : il n'y en a pas ! C'est un jeu sans règles hormis celle de se protéger de celui ou celle que l'on aime. Et là est le danger. Nous nous prenons la tête pour à peu près tout et son contraire, faute de parvenir à nous rassurer mutuellement sur notre connexion relationnelle. Alors, le temps de quelques minutes, quelques heures, voire, pour certain·e·s, quelques semaines, les Hunger Games reprennent. Qui aura le dernier mot ? Qui clouera le bec à l'autre ? Qui démontrera par A + B qu'il est dans le juste quand l'autre est dans le faux ? La marque des céréales, le beurre salé oublié, le timing du lave-linge, les devoirs des enfants, la couleur des draps, les poubelles à sortir, oui... Tout devient un prétexte pour se rendre justice et se donner raison. Mais, dans la vie, personne n'a raison et personne n'a tort, car il existe autant de vérités intérieures que d'humains sur la planète. Bien souvent, avoir raison répond à notre besoin de certitude ; quand je pense avoir raison, je protège finalement le sentiment que j'ai associé à l'expérience en question. Et face à la souffrance de ne pas me sentir compris·e et à l'intensité de mes émotions, mes zones sensibles et mes bobos du cœur s'activent. Je cherche alors à me protéger de toi, mon Allié·e. Toi qui sembles réveiller en moi des souffrances abyssales accompagnées de véritables tsunamis émotionnels. Mais qu'en est-il du risque à long terme ? Les critiques vont indéniablement entraîner des réactions de protection et de défense et ces réactions déclencheront à leur tour des replis intérieurs. Et c'est ainsi que vous finirez par vous couper l'un·e de l'autre. Et, à ce rythme-là, vous risquez de vous perdre dans les méandres d'une danse effrénée sans répit.

Si cette carte s'invite dans votre tirage, elle vous indique qu'il est temps pour vous deux de changer d'angle de vue et de prendre du recul sur la situation actuelle afin d'observer les jeux relationnels qui agissent entre vous à vos dépens. Elle vous rappelle que, pour qu'une danse puisse se mener comme vous semblez si bien le faire, il faut indéniablement deux partenaires. Vous êtes tous·tes les deux coresponsables de la chorégraphie actuelle et avez chacun·e votre part de responsabilité. Une invitation en ce jour à vous remémorer les débuts de votre vie amoureuse et à observer tout le chemin parcouru jusqu'ici. Sans votre Allié·e, seriez-vous là où vous en êtes aujourd'hui ? Portez votre attention sur tout ce que vous vous apportez quotidiennement qui vous permet d'entrevoir la vie sous un meilleur jour. Et rappelez-vous d'une chose : il n'existe aucune victoire à gagner contre la personne que l'on aime. Car si je gagne contre toi, alors je perds contre Nous. On peut tous jouer aux imbéciles, pas vrai ? Mais à quoi bon y jouer entre les membres d'une même équipe ?

RITUEL

Asseyez-vous sur deux chaises, l'un·e en face de l'autre. Dans un premier temps, expliquez la situation avec vos propres ressentis et vos propres perceptions. Parlez de vos désirs, de vos frustrations et de vos émotions. Soyez calme, doux et audible dans la communication. Parlez de vous et uniquement de vous : « Je ressens que… ; j'ai le sentiment que… », et non pas « Tu as fait ci et tu as fait ça pour telle ou telle raison… ». Puis, laissez votre Allié·e faire de même, en écoutant profondément et en accueillant sa vision. Enfin, pour cette troisième étape, levez-vous et changez de chaise. Prenez quelques minutes pour fermer les yeux et revoir la situation, mais, cette fois-ci, dans la peau de votre Allié·e. Que comprenez-vous à présent de son monde ? Qu'avez-vous envie d'exprimer à votre Allié·e qui puisse reconnaître et légitimer ce qu'il·elle a pu vivre de son côté ?

Justice du lien

Nous évoluons dans une société qui semble davantage miser sur le développement de notre individualité et de la performance personnelle. L'essor du développement personnel depuis plusieurs années maintenant en est une belle illustration. En soi, rien de mauvais, me diriez-vous. C'est une bonne chose que d'apprendre à davantage introspecter, poser nos limites, nous faire entendre et respecter dans nos besoins, être plus assertifs, nous développer personnellement et individuellement et, surtout, nous rendre libres. Mais, une fois de plus, attention ! Si je suis constamment focus sur moi, ma liberté et mon nombril, ce que je veux, ce que je mérite, ce que je sais, ce que je sens, ce dont j'ai besoin, ce à quoi j'ai le droit, alors quand est-ce que je porte mon attention sur toi, mon Allié·e ? Quand est-ce que je me mets au service de notre couple, de notre relation, de notre Nous ? « Je fais ce que je veux, je suis une personne libre » ; combien de fois avons-nous tendance à brandir cela au sein de notre union ? Très souvent, au sein du couple, l'un·e brandit la valeur de la liberté tandis que l'autre prône et défend la valeur de la responsabilité. Quand on sait que les deux sont indéniablement liées et qu'aucune d'entre elles n'est plus importante que l'autre, je vous laisse imaginer à quel point cela peut être difficile pour deux partenaires de se mettre d'accord sur qui a raison et qui a tort. Le problème, quand on favorise un fonctionnement individuel au sein de notre couple, c'est qu'on risque de passer littéralement à côté de l'autre. Bien que nous soyons tous légitimes d'être libres, la philosophie Couple Allié® nous invite à estimer : qu'à la hauteur que nous prônons et incarnons cette liberté individuelle nous ne pouvons renier la responsabilité qui en découle. Je suis aussi responsable que je suis libre. Plus je suis libre, plus je me dois d'être responsable ; pour Moi, pour Toi, pour Nous, pour le monde qui m'entoure. Et c'est ainsi que nous transformons une vision individualiste propre à deux partenaires en une réflexion commune centrée sur le Nous, comme le font deux Allié·e·s.

Lorsque cette carte s'invite dans votre tirage, elle illustre peut-être la nécessité de vous réajuster l'un·e l'autre. Peut-être que, dernièrement, vous vous êtes sentis mis·es devant le fait accompli en ayant l'indigeste sensation de ne pas avoir votre mot à dire. Peut-être avez-vous l'impression de ne pas être une priorité ou de passer après les obligations et désirs de votre Allié·e et peut-être, d'ailleurs, ne vous sentez-vous pas légitime de dire ce n'est pas OK, par honte, peur du jugement et/ou culpabilité. Aujourd'hui, vous êtes invité·e à changer de spectre de réalité et à réajuster vos comportements respectifs en vue de retrouver l'équilibre. À vous reconnecter et vous réengager en considérant que votre couple, votre relation, se doit d'être une priorité. Si tel est le cas, alors il se mettra toujours au service de vos deux individualités, et imaginez la force que cela vous donnera. Comprenez que votre liberté individuelle ne peut pas s'ériger en tant que toute-puissance au sein de votre couple et face à votre « responsabilité amoureuse[1] ». Quand bien même vous seriez libres de faire ce que bon vous semble, rappelez-vous que cela continue d'alimenter le paradigme individuel plutôt que celui de votre amour. Apprenez à décider ensemble et à percevoir votre couple comme le Gardien de votre épanouissement personnel.

1. *Quand le couple répare*, Maureen Mellet, *op. cit.*

RITUEL

Prenez le temps de vous asseoir l'un·e en face de l'autre en posant la main sur vos cœurs respectifs. Durant une bonne minute, respirez ensemble en suivant le rythme de : inspire sur 4 temps et expire sur 6. Puis vous pourrez, dans un second temps, prendre une feuille et un stylo et tenter de répondre aux questions suivantes :

- Quelles sont mes responsabilités au sein de notre Nous ?
- En quoi sont-elles indispensables pour l'équilibre de notre couple ?
- Est-ce que je me sens finalement apte à les assumer ? Et si non, qu'est-ce qui fait encore conflit en moi ?
- Comment mieux honorer mes engagements sans renier mes libertés ? Quel pourrait-être le juste milieu ?

Prenez le temps qu'il vous faut et réalisez cet exercice en conscience. Quand vous aurez fini tous·tes les deux, échangez de vive voix en vous écoutant respectueusement.

L'amour paisible

Dans l'inconscient collectif, l'amour vrai déchire. Semble parfois impossible. Nous promet passion et merveilles, mais aussi, et bien souvent, destruction et colère. Longtemps, certain·e·s d'entre nous vont chercher des partenaires qui leur feront vivre le grand frisson, alimentant les désirs débordant d'une aventure pleine de passion. Certain·e·s batailleront pour rendre leurs partenaires plus fougueux, plus téméraires, plus audacieux, plus volatiles, plus dangereux. D'autres prendront le risque de se perdre, motivé·e·s par la recherche frénétique d'abus émotionnels, persuadé·e·s de n'avoir le droit d'exister qu'au travers d'un profond mal-être.

Certain·e·s d'entre nous ont vécu tout et leur contraire. Ils·elles se sont combattu·e·s ardemment, en bombant férocement le torse pour montrer à l'autre qui serait le·la plus fort·e. Ils·elles ont connu la violence émotionnelle, persuadé·e·s que, sans elle, ils·elles se laisseraient et désespéraient. Alors, il est vrai que les séparations, les réconciliations sur l'oreiller, les trahisons, les abus, les mensonges, les prises de distance, les jeux de séduction, de silence, d'indignation et de provocation font vendre les livres, alimentent les séries et inspirent les grands films. Mais ces temps-là sont dangereux et ne peuvent pas nous garantir l'évolution d'un avenir meilleur. L'amour paisible équivaut à la mer calme et tranquille sur laquelle il nous est possible de réaliser avec confiance et gratitude la beauté et la puissance de l'Union Sacrée.

Lorsque cette carte apparaît dans votre tirage, elle vous invite à l'amour paisible. Un amour vrai, sûr, confiant, bienveillant et, surtout, bien traitant. Un amour qui promet d'agir activement pour communiquer de manière consciente et défendre la vérité. Aujourd'hui, vous avez tous·tes les deux besoin d'authenticité, de compréhension, de compassion, de douceur, de sécurité, de profondeur, de beauté, de vulnérabilité, de sincérité, de partage, de célébration et d'engagement. Aujourd'hui, rien ne sert pour vous de vivre dans le danger. Comprenez enfin votre valeur et, de fait, celle de votre Allié·e. Lâchez la peur, les jeux de pouvoir et de provocation, tout cela vous fait perdre du temps. Libérez-vous de la guerre, branchez-vous sur la haute fréquence vibratoire de l'amour, incarnez les guerriers pacifiques que vous êtes et faites régner la paix dans ce temple qu'est votre Nous.

RITUEL

Allongez-vous l'un·e à côté de l'autre et prenez le temps de vous enlacer. Dans un premier temps, ne cherchez pas à combler l'espace qui pourrait apparaître par les mots. Soyez là, en présence, paisiblement. Posez vos mains sur vos cœurs respectifs et sentez-les se lever et s'abaisser au fur et à mesure des respirations de votre Allié·e. Écoutez ce doux silence harmonieux et laissez-le infuser dans votre corps jusqu'à la plus petite de vos particules. Et puis l'un·e d'entre vous peut commencer par être l'Émetteur·rice (vous inversez par la suite) en disant à haute voix, trois fois après avoir pris une grande inspiration :

Émetteur·rice = inspire – « Avec toi, mon Allié·e, aujourd'hui, je veux la paix » – expire.

Le·la récepteur·rice va inspirer à son tour et laisser les mots de son Allié·e infuser son corps.

É = inspire – « Avec toi, mon Allié·e, aujourd'hui, je veux la paix » – expire.

Le·la récepteur·rice va de nouveau inspirer en prêtant attention à chacune de ses sensations et perceptions.

É = inspire – « Avec toi, mon Allié·e, aujourd'hui, je veux la paix » – expire.

Le·la récepteur·rice va de nouveau accueillir les mots tendres et sécurisants de son Allié·e pour laisser son cœur s'en imprégner.

Puis inversez les rôles. Une fois l'exercice terminé, prenez le temps de rester quelques minutes dans le silence, à savourer le bonheur que promet d'aimer en paix.

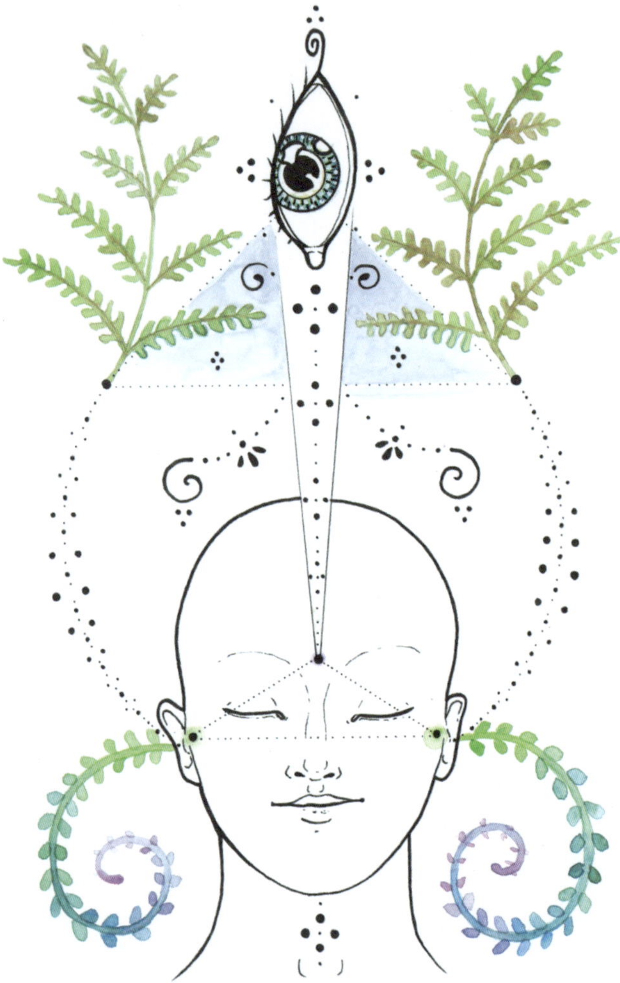

L'art de t'écouter

Quand on y réfléchit, c'est quand même incroyable, non ? Aujourd'hui, nous savons faire décoller des avions, appeler un proche à l'autre bout du monde, réanimer des êtres humains, construire des autoroutes, prendre en photo la planète Terre, et pourtant... Et pourtant nous ne semblons toujours pas parvenir à nous écouter les un·e·s les autres. Si je suis honnête avec moi-même, je peux reconnaître que l'une des choses que je demande le plus à mon Allié·e, c'est sa disponibilité émotionnelle pour m'écouter et me permettre de me sentir écouté·e. Mais est-ce que j'en suis capable de mon côté ? Bien souvent, nous rencontrons de nombreux obstacles dans le fait de parvenir à le faire. Notre cerveau qui réfléchit à vive allure va tenter de résoudre l'équation. Notre proximité avec notre Allié·e peut nous pousser à prendre les choses personnellement. Notre réactivité émotionnelle nous engage bien souvent à couper la parole ou à finir les phrases de l'autre. La peur de disparaître dans l'écoute ou le rapport de force qui s'immisce entre nous peuvent parfois nous contraindre à basculer dans une fausse écoute. Alors, pourquoi est-ce si fondamental au sein du Couple Allié® d'écouter la personne que l'on aime ? Parce que c'est ce qui lui permet de se sentir reconnu·e, entendu·e et compris·e dans l'émotion qui se présente en lui·elle. En ce sens, je lui permets de prendre conscience de lui·elle-même, de s'écouter parler, de rentrer en résonance avec son cœur et ses messages. Parvenir à se mettre à sa place tout en restant à la sienne, sans chercher à résoudre ses problèmes mais, au contraire, en lui faisant confiance. En se rappelant qu'en elle se trouvent toutes ses ressources. Cela demande beaucoup d'humilité d'écouter son Allié·e, car nous ne saurons jamais complètement ce qu'il·elle vit, car nous ne sommes pas lui·elle.

Et si vous preniez le temps de vous écouter véritablement l'un·e l'autre ? Cette carte vous invite aujourd'hui à porter attention avec conscience et implication aux ressentis, émotions, besoins, envies de votre Allié·e. Intentionnellement, faire le choix de vous mettre pleinement à sa disposition, en acceptant de faire disparaître temporairement votre « Je » pour ne vous consacrer qu'à la personne que vous aimez. Qu'a-t-elle besoin de dire ? Qu'a-t-elle besoin que vous sentiez ? À quoi a-t-elle besoin que vous vous connectiez d'elle-même ? Mettez de côté les jugements, les critiques et vos propres émotions pour ne rentrer que dans le monde de votre Allié·e et cherchez à saisir, avec le corps, le cœur et l'esprit, ce que son âme a à vous dire. Rien ne sert d'expliquer, de justifier, de conseiller ou de rejeter ce que votre Amour est peut-être amené·e à vous livrer. Ne coupez pas la parole à votre Allié·e, ne cherchez pas à avoir raison, cherchez simplement à être d'accord avec lui·elle dans ses propres perceptions, même si cela s'oppose à votre vérité, là est toute la nuance ! On ne vous demande pas votre avis, on vous demande d'écouter radicalement ce qui vit *en dedans* de votre amoureux·se. N'oubliez jamais que deux vérités intérieures peuvent coexister. Tentez de vous taire pour entendre, écouter en entrant en compassion, en résonance avec les mots et les expressions de cette personne en face de vous que vous avez choisi d'aimer. Et posez-lui les questions suivantes : qu'est-ce que tu vois que je ne vois pas ? Qu'est-ce que tu sens que je ne sens pas ? Qu'est-ce que tu entends que je n'entends pas ? Que peux-tu m'apprendre de toi ?

RITUEL

Après avoir écrit chacun·e de votre côté ce que vous aimeriez déposer dans le jardin sacré que représente votre couple, prenez le temps de vous installer confortablement l'un·e en face de l'autre dans une posture respectueuse de votre corps et de votre respiration. En Présence intégrale, le regard intentionnellement connecté au cœur de votre Allié·e, dans une posture physique accueillante et synchronisée, faites silence. Définissez ensemble un·e Émetteur·rice et un·e Récepteur·rice. L'Émetteur·rice aura pour mission de communiquer ce qu'il·elle vient d'écrire en veillant à rester audible pour le·la Récepteur·rice et en prenant soin de ne pas être dans le « Tu », mais de bien être dans le « Je ressens, j'ai le sentiment, j'ai besoin... ». Le·La récepteur·rice, quant à lui·elle, devra répéter chacune des phrases de l'Émetteur·rice en s'assurant qu'il·elle a bien compris ce qu'il venait d'être dit. Et, ensuite, vous inversez les rôles.

Exemple :

Émetteur·rice = en ce moment, je me sens un peu déconnecté·e et j'aimerais retrouver notre intimité à tous·tes les deux.

Vous posez sa main sur son cœur, vous entrez en compassion avec lui·elle et vous répéter avec douceur :

Récepteur·rice = je comprends qu'en ce moment tu te sens un peu déconnecté·e et cela te tient à cœur de retrouver notre intimité, notre espace à nous deux. C'est ça ?

Émetteur·rice = oui, c'est ça (vous poursuivez) ou non, ce n'est pas ça (vous reformulez).

L'épreuve du doute

Le doute fait partie du chemin. Pour la plupart d'entre nous, il est souvent perçu comme un sentiment inconfortable et désagréable. Pourtant, le doute est ce qui nous permet de démanteler nos croyances limitantes, nos conditionnements de l'enfance, nos modèles intériorisés et nos expériences cristallisées. Oui, le doute nous fait mettre temporairement de côté toutes nos certitudes dans le but de nous rapprocher un tant soit peu de notre vérité intérieure. Il nous donne l'occasion de nous revisiter, de nous observer, de nous transformer. Et ce afin de nous sublimer, de nous élever et de nous transcender. C'est un rappel à l'authenticité, au cri du cœur, à ce qui fait de nous ce que nous sommes. Au travers du doute, nous faisons face à nos ombres, ce que nous tentons de garder caché. Ainsi, il nous offre souvent l'opportunité de mettre de la lumière sur nos interdits, nos mensonges, nos trahisons, nos conflits intérieurs, nos tabous, nos dualités. En ce sens, le doute est une prise de risque courageuse qui nous invite à aller au-delà du connu pour explorer en conscience les profondeurs de notre âme. Le doute au sein du couple permet la transformation de ce dernier. Comme le serpent qui se mue. Douter de soi, de son Allié·e, de la pérennité de sa relation, de la qualité du lien, c'est sortir du conditionnement et de l'habitude.

C'est remettre en question ce dans quoi l'on est pris machinalement pour ramener de la beauté dans l'instant. C'est être en Présence à soi et à son couple pour se redonner le choix. Sortir de la modalité du faire, du pilote automatique, pour entrer dans la modalité de l'être.

Peut-être qu'en ce moment l'un·e d'entre vous – ou tous·tes les deux – se sent perdu·e dans votre relation ou dans un autre domaine de votre vie. Peut-être que certaines de vos attentes vous semblent utopistes et irréalistes. Peut-être que vous avez la sensation de ne pas concevoir le monde de la même façon et ne pas souhaiter aller dans la même direction. Peut-être s'est-il récemment passé des choses entre vous qui ont quelque peu fragilisé le lien qui vous unit. Mais n'oubliez pas qu'au sein du couple nous avons bien souvent tendance à penser à la place de notre Allié·e, projetant sur lui d'innombrables pensées, émotions ou sentiments qui nous appartiennent.

Sans nul doute, il est temps de parler de vive voix et véritablement. Cette carte est également une invitation à accueillir l'expérience du doute comme une source de création et de partage. La possibilité pour vous deux, au travers du respect mutuel, de sortir de l'errance relationnelle pour entrer dans la danse de la communion. Vous rappeler ô combien le doute est nécessaire, juste et créateur. Rien ne sert de le cacher, de le refouler ou de le fuir. Autorisez-vous, ici et maintenant, à le partager au sein de votre Nous, aux côtés de votre Allié·e. Gérer les crises et les tempêtes seul·e est bien plus difficile que d'y faire face en équipe. Alors, offrez-vous mutuellement cette opportunité que de pouvoir le vivre et le partager ensemble, à l'image du Couple Allié® que vous formez.

RITUEL

L'un·e assis·e en face de l'autre, feuille et stylo à la main, prenez quelques minutes pour vous recentrer et vous ancrer dans l'instant avec plusieurs respirations conscientes. Puis posez-vous ces questions avec la plus grande des sincérités :

- De quoi ai-je peur en ce moment ?
- Qu'est-ce qu'il pourrait se passer si…
- Quels sont les besoins qui ne sont pas satisfaits actuellement ?
- Que me permet le doute en ce moment vis-à-vis de Nous ? Quelle pourrait être sa fonction ?

Prenez le temps qu'il vous faut et réalisez cet exercice en conscience. Autorisez-vous à vous poser toutes les questions qui soient et à remettre en question tout ce qui doit l'être. Ce n'est pas toujours facile d'accueillir le doute au sein du couple, et pourtant il est vital pour réaffirmer son choix.

Quand vous aurez fini tous·tes les deux, échangez de vive voix dans l'amour et le respect de chacun·e en honorant les règles du Dialogue restauratif[1].

1. Voir page 91.

La danse du Tao

Il existe dans l'univers deux principes fondamentaux qui se reflètent dans toutes les manifestations de la nature et de la vie. Toutes les créations sont l'œuvre de ces deux principes : le Yin et le Yang. À savoir que, séparés, ils sont totalement improductifs. Au travers de notre société actuelle, nous avons jusqu'à présent été témoins d'un Yang déséquilibré, au service du pouvoir, de la domination, du contrôle, de l'avidité et de la corruption. Un Yang coupé de ses sens, de sa sensibilité, de son intuition, de son cœur. Un Yang qui a oublié d'où il venait et pourquoi il s'était incarné aux côtés du Yin.

Le Yang Conscient représente l'action juste. Il est au service de la Conscience et de l'ouverture du cœur. C'est la matérialisation dans le monde de la matière du dense, de ce que conceptualise le Yin dans le monde de l'invisible. C'est la reliance à la force innovante, à la manifestation, à l'esprit du guerrier ou de la guerrière qui protège sa tribu, celui qui sert et honore le Yin. Lorsque notre Yang est équilibré, conscient, il va nous permettre d'incarner véritablement notre maturité spirituelle au sein de notre couple. Nous pouvons ainsi nous asseoir avec assertivité dans nos positionnements en respectant nos valeurs, nos principes de vie, nos limites et nos besoins, sans jamais renier celles et ceux de notre

Allié. Le Yin Conscient est la puissance créatrice, l'Essence même de toute chose, le transmetteur de vie. Il est la grâce, la beauté, le subtil, l'invisible, le non-manifesté, la création, le monde des rêves et de la magie, l'intention et l'intuition. Être relié·e·s et pleinement connecté·e·s au Yin qui vit en nous, c'est permettre à notre cœur d'irradier l'amour et de se mettre au service de la relation, au service du bien commun, du Nous. C'est nous unir à l'imagination et à l'inspiration qui colorent chacune des créations de ce monde. Directement relié à l'intelligence émotionnelle et relationnelle, le Yin Conscient nous connecte à nos émotions, nos sentiments, notre sensibilité. Cette capacité à entendre au-delà des mots et à voir au-delà de ce qui est visible à l'œil nu. Il est cette faculté à prendre soin des autres, à s'en occuper, les choyer, les guérir, les accueillir dans leur singularité, sans jugement, sans dépréciation. Il est aussi la sagesse de la Justice et l'équité.

Lorsque cette carte s'invite dans votre tirage, elle vous offre l'opportunité, dans un premier temps, de vous questionner. Vous sentez-vous réellement équilibré·e au sein même de votre couple intérieur, en vous-même ? Vous sentez-vous en harmonie et en paix avec ces deux polarités en vous ? Vous sentez-vous blessé·e dans votre capacité à leader, à œuvrer pour le bien de votre relation, à prendre des décisions, à être considéré·e comme un·e individu·e à part entière ? Au contraire, vous sentez-vous contrôlant·e, tyrannique avec votre Allié·e émotionnellement ? Êtes-vous méfiant·e en ce moment et adoptez-vous des comportements qui, d'une manière ou d'une autre, ne vous permettent pas de vous sentir en sécurité, ni vous ni votre Allié·e ? Aussi, vous respectez-vous ? Avez-vous le sentiment de faire de l'espace au Vivant qui circule en vous ? Vos émotions, vos rêves, vos peurs ? Ou vous sentez-vous contraint·e de répondre à une exigence intérieure ? Et, plus largement, il serait intéressant de se questionner à présent sur le système relationnel qui œuvre au sein de votre couple. L'un·e est-il plus souvent actif·ve quand l'autre est en repli ? L'un·e est-il plus souvent centré·e sur le sensible et l'invisible quand l'autre ne juge que par ce qui est rationnellement explicable ? Avez-vous le sentiment de vous respecter dans vos différences et de vous honorer dans vos polarités mutuelles ? Beaucoup d'Allié·e·s se plaignent de ne pas avoir l'espace de prendre des décisions dans leur couple, mais quand il est le moment pour eux·elles d'en prendre, certain·e·s se déresponsabilisent et considèrent que seul·e leur Allié·e en est capable. À l'inverse, beaucoup d'Allié·e·s se plaignent de devoir tout porter et tout gérer, mais quand leur amoureux·se leur propose de les aider, ils·elles refusent ou estiment que ce n'est « pas suffisant ». La danse du Tao du couple vous rappelle à l'équilibre et au respect des polarités Yin et Yang de votre Allié·e qui ont toutes les deux besoin de s'exprimer. Vous devez respecter ces deux forces en vous-même et également laisser l'espace pour qu'elles soient considérées et qu'elles puissent s'exprimer au sein du cœur de votre Allié·e. Plus vous respecterez cela chez l'un·e comme chez l'autre, plus vos relations en seront apaisées.

RITUEL

Après avoir pris le temps de vous relier l'un·e à l'autre en posant vos mains sur les genoux de votre Allié·e et en synchronisant votre respiration, prenez une feuille et un stylo et répondez aux questions suivantes :

- Tentez d'observer en conscience vos blessures et demandez-vous quel lien vous entretenez actuellement avec votre polarité Yang et Yin. Observez vos relations avec les hommes et les femmes de votre famille et celles et ceux de votre entourage.
- Observez les schémas relationnels que vous avez tendance à répéter entre vous et aussi dans vos autres relations. Vous sentez-vous souvent menacé·e, humilié·e, frustré·e, contrôlé·e ou, au contraire, vous sentez-vous protégé·e, écouté·e et en sécurité ?

- Questionnez-vous sur vos croyances, vos préjugés et vos peurs profondes.
- Engagez-vous à être acteur·rice et actif·ve dans votre relation et, pour cela, demandez-vous quelles sont les 3 petites actions que vous allez mettre en place à partir d'aujourd'hui pour prendre soin de vos deux polarités Yin et Yang et également de celles de votre Allié·e.

La responsabilité amoureuse

Nous portons tous·tes en nous des zones sensibles et des bobos du cœur au travers desquels notre lien d'attachement est parfois fragilisé. En fonction des interactions que nous avons eues durant l'enfance auprès de nos figures d'attachement (principalement, nos parents), des histoires que nous nous racontons, de nos croyances et de certaines de nos expériences, il existe en chacun·e de nous de nombreux petits espaces où notre âme a pu être blessée, tourmentée, menacée. Ces espaces sensibilisés ont un grand besoin de réconfort et nécessitent une attention particulière de notre part, mais également de la part de notre Allié·e. Si on n'obtient pas cette réassurance, la blessure archaïque qui y est logée se réveille à la vitesse de la lumière et une grande insécurité affective et émotionnelle déclenche un climat anxiogène pour notre intégrité, qui concerne tous les aspects de notre être. Quand une zone sensible est touchée, personne ne peut passer à côté. La communication se perd, la connexion se brouille, l'atmosphère énergétique se densifie et le comportement de l'Allié·e qui en est victime se modifie. Certain·e·s semblent réagir de manière disproportionnée en piquant de vives colères quand d'autres se murent dans le silence et le repli intérieur. Et bien que nous puissions parfois avoir le réflexe de dédramatiser les réactions de notre Allié·e pour tenter de le·la soulager, nous risquons de passer littéralement à côté de son besoin d'être vu·e, protégé·e et contenu·e dans les reviviscences de souffrances passées. Il est parfois plus facile d'envisager l'idée que nous ne sommes pas responsables de la manière dont notre Allié·e interprète nos mots, nos gestes et nos comportements. Souvent plus facile de se dire que ça ne nous concerne pas et qu'il a probablement à travailler davantage sur lui·elle. Ce n'est pas la philosophie du Couple Allié® qui considère que ce qui te concerne Nous concerne. Et là est toute la subtilité de l'alliance consciente.

Lorsque cette carte s'invite dans votre tirage, elle vous rappelle tous·tes les deux à votre « responsabilité amoureuse[1] ». Il me semble fondamental d'entrevoir l'alliance qui émane de votre couple comme un devoir respectif à prendre soin de votre lien et également de votre Allié·e. Cela passe par exemple par

1. *Quand le couple répare*, Maureen Mellet, *op. cit.*

le fait de ne pas se servir des confessions intimes et vulnérables de ce·tte dernier·ère dans le but de les réutiliser sous le coup de la colère et d'assurer votre victoire. Considérer également que ce qui ne semble « pas grave » pour nous peut l'être pour la personne que nous aimons. En ce moment, vous êtes invité·e·s à vous intéresser plus en profondeur à ce qui se passe dans le cœur de la personne que vous aimez, en prenant en considération votre devoir de l'écouter, la soutenir, l'épauler, l'accompagner et la protéger. Cette personne en face de vous a besoin de douceur, de sécurité et d'amour. Vous avez un grand pouvoir à son égard et de fait une grande responsabilité. L'un·e comme l'autre, prenez le temps de vous demander comment vous pourriez davantage servir votre relation pour votre mieux commun.

RITUEL

Assis·e l'un·e en face de l'autre, mains jointes devant le cœur, vos yeux plongés dans ceux de votre Allié·e, répétez-vous la phrase suivante trois fois de suite, l'un·e après l'autre, puis ensemble :

« Je comprends que mes révoltes sont le reflet de mon désir d'amour, de sécurité, de compréhension et de connexion avec toi. Je comprends que tes révoltes sont le reflet de ton désir d'amour, de sécurité, de compréhension et de connexion avec moi. Ensemble, nous comprenons que nos révoltes sont le reflet de notre désir d'amour, de sécurité, de compréhension et de connexion, au sein de notre couple. Nous souhaitons la même chose : savoir que nous pouvons compter l'un·e sur l'autre. Tu peux compter sur moi et je peux compter sur toi. Notre couple peut compter sur Nous. »

La routine et ses trésors

De nos jours, il est fou de constater comme le quotidien ne semble pas vendre du rêve, bien au contraire. On le dépeint souvent comme un poison toxique qui ronge à coup sûr les débuts passionnants et glorifiants de la vie du couple. Pour beaucoup, il semble terrifiant tandis que, pour d'autres, il tue. On ne cesse de le juger, le critiquer, le fuir ou le combattre. Mais si, finalement, nous n'étions pas en train de passer à côté d'un merveilleux cadeau ? Il est vrai qu'aujourd'hui, face aux réseaux sociaux enflammés, aux films déjantés, aux séries dramatiques et passionnées, lorsque le quotidien et l'habitude semblent pointer le bout de leur nez, on ne cesse de s'inquiéter quant à la qualité de notre relation et à sa pérennité. Comme si cet espace de cocon d'amour, de partage et de sécurité pouvait coûter la vie à notre relation. Sachez qu'il n'en est rien, car le quotidien, la routine, les habitudes du couple n'ont rien à voir avec l'absence de désir, de mouvements, de complicité et de profondeur. Bien au contraire ! Et si, pour une fois dans notre vie, nous cherchions à concevoir les choses autrement ? Et si nous faisions le choix conscient de réaliser la chance extraordinaire que nous promet le quotidien au sein d'un Couple Allié® ? À savoir : un espace de sécurité auprès d'un·e Allié·e que l'on connaît véritablement et sur qui l'on peut compter. Des moments de complicité, de paix et de sérénité. Des habitudes et des rituels dont nous avons profondément besoin en tant qu'être humain pour nous sentir ancrés et avoir ainsi l'espace d'explorer le monde en toute tranquillité. Des moments de vie qui favorisent notre attachement et nous permettent de nous reposer, de nous consolider et de nous projeter dans l'avenir. Notre besoin de certitude nous offre l'opportunité de percevoir le quotidien et ses habitudes comme le rappel que nous sommes là, vivant en ce monde, aux côtés de cette personne que nous avons choisi d'aimer pour toutes ces petites choses qui font d'elle ce qu'elle est. Vous rendez-vous compte de l'écologie émotionnelle que nous vivons au sein de ces espaces connus ? Cela ne signifie pas que le quotidien doit écraser toute tentative de mouvement, de nouveauté ou de folie. Mais il est tellement apaisant et nécessaire pour se construire mutuellement dans la sécurité et la confiance. Alors, soyons dans la gratitude et offrons-lui notre respect !

Lorsque cette carte s'invite dans votre tirage, c'est une réelle invitation à oublier ce que vous semblez entrevoir de la vie des autres. « L'herbe est toujours plus verte chez le voisin », d'après ce qu'on dit, c'est d'ailleurs typiquement ce que cherche à nous faire croire la société actuelle. Ailleurs, il y a mieux, il y a plus. Mais sachez tous·tes les deux qu'ailleurs, lorsque cela concerne le couple, c'est plus ou moins la même chose. Le couple, ce n'est pas uniquement la parfaite idylle sans la moindre encombre. Ce ne sont pas non plus les beaux sourires dans les plus belles robes de soirée de grands restaurants. Ce n'est pas non plus le monde des Bisounours sans une once de dérangement. Le couple, c'est aussi la confrontation des différences, les remises en question, les incompréhensions, la fatigue qui parfois s'accumule, la charge mentale à partager, les courses à anticiper, les poils dans l'évier, les fuites du lien, les doutes, les déconnexions prolongées, les envies différentes, les vêtements pas rangés, la lunette des toilettes relevée, les câlins espérés avant de se coucher, un désir érotique pas toujours partagé... Mais tout cela – aussi barbant cela soit-il parfois – représente aussi la vie à deux, la vraie. Cette carte vous invite à éprouver de la gratitude pour la chance que vous avez de partager votre quotidien aux côtés de votre Allié·e. Décidez plutôt de vivre ensemble de manière incroyable des moments que vous jugez comme ordinaires, mais qui représentent les piliers de votre vie quotidienne.

RITUEL

Prenez le temps de vous retrouver tous·tes les deux ce soir, dans un espace intime dans lequel vous vous sentez bien tous·tes les deux. Ne cherchez pas à faire quoi que ce soit de particulier, juste à vous retrouver l'un·e avec l'autre et à vous enlacer profondément et en conscience.

Puis, chacun·e votre tour, partagez votre reconnaissance et votre gratitude pour ces petits moments anodins de votre quotidien.

- Mettez-vous deux minutes à la place d'une personne qui n'a pas la chance de partager une quelconque routine avec quelqu'un. Et imaginez combien elle pourrait envier votre situation actuelle.

- Pour quelles raisons éprouvez-vous de la gratitude à l'égard de votre Allié·e ?
- Quels sont les tout petits riens qui vous rassurent, vous sécurisent, vous amusent, vous agacent, mais qui, s'ils venaient à disparaître, vous manqueraient profondément ?
- De quoi avez-vous peur dans l'idée que vous vous faites de la routine ?
- Comment pouvez-vous, ensemble, être vigilant·e·s quant au maintien de l'équilibre entre renouveau et habitude ?

Partagez vos réponses et n'hésitez pas à utiliser le Dialogue restauratif.

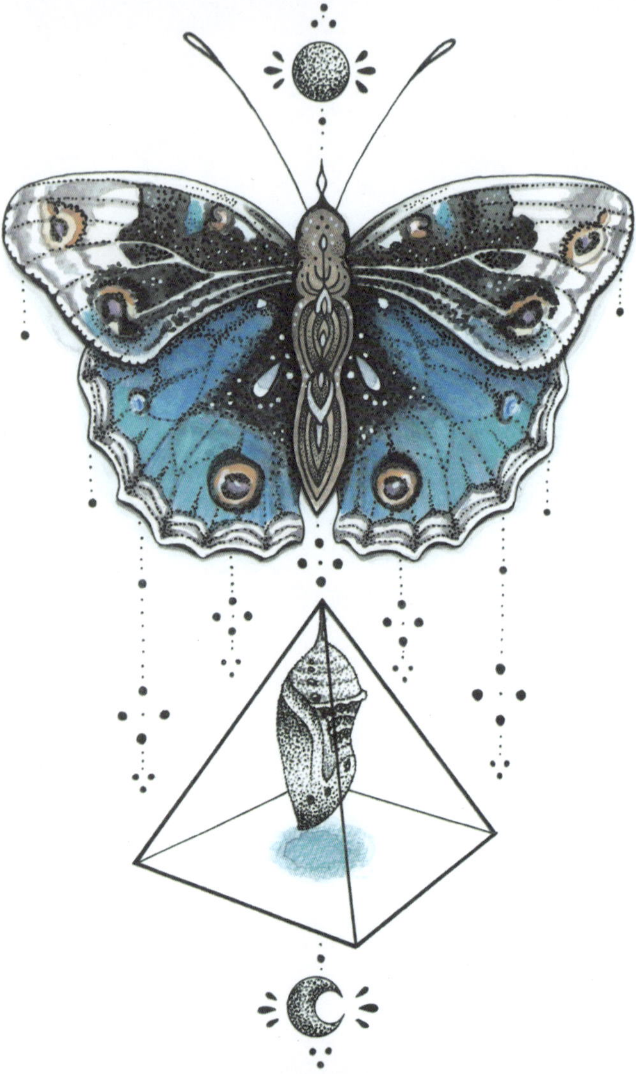

Le cadeau

Au sein du couple, les conflits et les crises sont toujours de merveilleuses opportunités de grandir ensemble. Beaucoup d'entre nous redoutent les conflits, et cela s'entend parfaitement. Ils peuvent parfois nous donner la sensation de perdre le lien et la connexion en nous distançant affectivement et émotionnellement de notre Allié·e. Face aux conflits, nous avons tous·tes des stratégies différentes pour y faire face. Certain·e·s auront tendance à y plonger tête baissée, voire à les provoquer, car ils·elles ont intégré l'idée que, pour être en lien, l'opposition est de mise. D'autres chercheront à tout prix à les éviter, reniant parfois leur authenticité. Et puis il y a ceux·celles qui resteront figé·e·s à l'idée de devoir défendre leurs idées. En tous les cas, même si certain·e·s semblent plus à l'aise que d'autres dans les tempêtes relationnelles, ça reste un vrai générateur de stress chez la quasi-totalité du commun des mortels. Mais si, finalement, le conflit et les crises faisaient partie intégrante du chemin de la vie d'un couple ? Il est tout à fait acceptable de ne pas être d'accord sur tout. Et d'autant plus compréhensible de ne pas toujours trouver les ressources nécessaires pour parvenir à en parler dans le calme et la tempérance. Le Couple Allié® est conscient qu'il est en plein apprentissage de la vie, et notamment de la relation, et cela en permanence.

Il perçoit les conflits et les crises non point comme une arme redoutable, mais bel et bien comme un appel au lien, à la sécurité émotionnelle, à la remise en cause du fonctionnement relationnel actuel.

Si vous traversez actuellement une crise au sein de votre couple ou rencontrez des conflits qui semblent semer la zizanie, cette carte soumet l'idée qu'il s'agit peut-être de la retranscription maladroite d'un besoin respectif de rapprochement et de compréhension mutuelle. Une manière pour vous deux de vous assurer que vous avez le droit d'être pleinement vous-mêmes, avec vos idées, vos opinions, vos projets, et que même si cela ne colle pas parfaitement avec les attentes ou points de vue de votre Allié·e, cela ne menace en rien votre légitimité à être aimé·e et accepté·e par ce·tte dernier·ère. Il est temps pour vous deux de remettre en question certains de vos conditionnements : « Ils·Elles vécurent heureux et eurent beaucoup d'enfants. » Permettez-moi de vous proposer plutôt : ils·elles durent œuvrer ensemble pour surpasser leurs peurs respectives et connurent de nombreuses épreuves !

Rappelez-vous que ce n'est pas parce que les choses sont difficiles aujourd'hui qu'elles le seront forcément demain. Cette carte vous invite à entrevoir le conflit et les crises comme une opportunité de remettre à niveau vos besoins respectifs, vos valeurs, vos désirs et vos limites. Elle vous promet la richesse d'un avenir meilleur si vous saisissez la chance qu'elle vous offre. C'est le bon moment pour apprendre ensemble à vous comprendre et à vous soutenir mutuellement face aux périples que peuvent parfois représenter les épreuves du Grand Tout. Continuez de construire brique par brique votre amour, faites-vous grandir l'un·e l'autre et n'oubliez pas que vos difficultés d'aujourd'hui sont vos cadeaux de demain.

RITUEL

Assis·e l'un·e face à l'autre, feuille et stylo en main, prenez le temps de répondre à ces quelques questions :

- Comment est-ce que je me sens face au conflit avec toi ?
- Quelles émotions cela fait naître en moi ?
- Comment ai-je appris à gérer les crises par le passé ?
- Ai-je des croyances limitantes associées au conflit ?

Puis, avec amour et respect, partagez vos réponses.

Le Symbiote

Et si nous nous choisissions dans le but de (re)connecter à ces parties de nous oubliées et cachées ? Et si tes libertés me confrontaient indirectement à mes interdits ? Et si tes aptitudes me mettaient face à des compétences intérieures que j'ai moi-même trop longtemps mises de côté ? Et si l'une de tes Médecines, mon Allié·e, était de m'offrir l'espace de me confronter à mes ombres, ces parties de moi dont j'ai honte pour mieux apprendre à les aimer ?

Toutes ces questions que je vous invite à vous poser ensemble sont existentielles au sein du Couple Allié®. Car elles sont celles qui rappellent le sens de l'union. Celles qui ramènent de la conscience sur les raisons qui vous ont poussé·e·s à vous unir malgré les difficultés que vous avez peut-être parfois rencontrées. Le Symbiote[1], c'est votre Allié·e. Cette âme que votre Soi et votre cœur ont spécifiquement choisie pour vous inviter à donner ce qui vous est le plus dur à offrir. Parce que votre Symbiote sait ce que vous avez oublié de vous-même, bien souvent par commodités familiales et/ou sociales. Peut-être qu'il·elle ne le sait pas consciemment, mais, pour sûr, il·elle ne va pas cesser de vous demander d'ouvrir la porte du grenier

1. *Quand le couple répare*, Maureen Mellet, *op. cit.*

que vous vous étiez juré de ne plus jamais ouvrir. Il·elle est aussi celui·celle qui possède (bien souvent sans en avoir conscience) la carte intégrale de vos bobos du cœur. Il·elle sait appuyer sur les bons boutons pour vous faire réagir, mais parce que telle est sa mission ! Mettre en lumière ce qui fait encore conflit en vous, ce qui est encore blessé et ce qui nécessite encore attention, amour et réparation, dans le but de vous accompagner sur le chemin de la sublimation. Le Symbiote voit l'être incroyable que vous êtes et c'est pour cette raison qu'il·elle en devient un·e Allié·e à la fois fabuleux·se – qui vous pousse à vous accomplir en vous acceptant vous-même – et à la fois insupportable – car via le miroir de son âme, il·elle vous contraint à vous faire face. Tant ce qui vous plaît de vous que ce qui vous plaît moins.

Lorsque cette carte s'invite dans votre tirage, c'est un rappel à la fusion créatrice. Non point celle qui nous éloigne de nous-même ou celle qui nous fait sombrer dans les méandres d'un feu cataclysmique, mais bel et bien celle qui purifie, qui initie et qui illumine.

La nécessité pour vous deux de vous reconnecter à la magie de vos débuts, à la puissance de votre alliance et surtout à la Médecine de votre couple. Prendre le temps de vous questionner au sujet de ce que vous éprouvez de parfois désagréable au contact de votre Allié·e, c'est avoir l'audace de lâcher le masque pour se regarder véritablement dans la glace. C'est faire face à ses manques, sa honte, sa culpabilité, ses ombres, ses carences de l'enfance, pour mieux comprendre l'adulte que nous sommes devenu·e·s. Mais, quand on y réfléchit bien, quel cadeau incroyable! Vous êtes tous·tes les deux sur le bon chemin et vous avancez divinement bien. Permettez-vous d'avancer encore en prenant le temps de vous dépouiller et de déposer conscience et amour sur des aptitudes intérieures que vous possédez et dont vous semblez actuellement douter. Elles ne demandent qu'à éclore : ayez confiance en vous et en votre relation ! Il est temps d'oser et d'entreprendre vos rêves les plus fous, car votre Symbiote sait que vous êtes tout à fait capable d'y arriver. Et il est là pour vous y aider.

RITUEL

Prenez le temps de vous asseoir l'un·e en face de l'autre en posant la main sur vos cœurs respectifs. Durant une bonne minute, respirez ensemble en suivant le rythme de : inspire sur 4 temps et expire sur 6. Puis vous pourrez, dans un second temps, prendre une feuille et un stylo et tenter de répondre aux questions suivantes :

- Dans les demandes que me formule mon Allié·e, quelle opportunité m'offre-t-il·elle ?
- Que m'invite-t-il·elle à faire, à développer, à croire ?
- En quoi ses demandes – que je juge parfois éreintantes ou irréalistes – me donnent au contraire l'occasion d'en apprendre davantage sur moi-même et la puissance de notre relation ?
- Qu'ai-je oublié de moi qu'il·elle semble pourtant voir ?

Prenez le temps qu'il vous faut et réalisez cet exercice en conscience. Quand vous aurez fini tous·tes les deux, échangez de vive voix en respectant les règles du Dialogue restauratif[2].

2. Voir page 91.

Les Fous sacrés

Combien de fois avons-nous tendance à dramatiser notre relation ? À prendre les choses avec sérieux, voire sévérité ? Combien de fois faisons-nous de nos échanges, de nos conflits, de nos différences et incompréhensions des drames sans lendemain pour lesquels il n'existe aucun recours ? De nos jours, il semble assez fréquent d'observer nombre d'entre nous renier leur légèreté, leur joie de vivre, leur humour et leur capacité à jouer. Peut-être parce que la vie d'adulte nous projette dans de nombreuses responsabilités toutes plus lourdes les unes que les autres. Et puis, parfois, nos expériences de vie personnelles et/ou professionnelles sont suffisamment violentes pour nous faire croire que nous avons besoin d'enfiler une armure de fer à tout prix pour survivre. « La vie n'est pas un jeu, la vie est une lutte acharnée. On ne la mérite pas d'office, on doit la gagner ardemment. On laisse les jeux aux petits garçons et aux petites filles, les adultes, eux, n'ont pas le temps pour ces enfantillages. » Toutes ces fois où nous nous comportons de la même façon avec notre Allié·e. Toutes ces fois où nous nous observons condamner sa facilité à rire, à s'émerveiller, à prendre les choses avec légèreté, à tenter de dédramatiser. Toutes ces fois où nous nous énervons en tentant d'expliquer à quel point « cela est grave » et nous laissons ce sentiment de gravité envahir nos entrailles. Toutes ces fois où nous passons littéralement à côté d'une possibilité de rire, de jouer, de nous amuser ensemble, ou de nous allier dans la légèreté face à certains cataclysmes que représente parfois la vie.

Lorsque cette carte s'invite dans votre tirage, elle vous pousse à retrouver le jeu et l'humour au sein de votre Nous. Et, surtout, à ne pas trop vous prendre au sérieux. Ni vous-même, ni votre Allié·e, ni votre relation. Cela ne signifie pas tout prendre à la légère, renier vos peurs ou insécurités, ou faire semblant pour faire plaisir en passant à côté de votre authenticité. Cela signifie simplement qu'il est peut-être le moment de vous connecter à vos Fous Sacrés. Cette facette en vous-même qui n'a pas peur d'être moquée et qui se fiche bien de la honte ou de ce que pourraient en penser les autres. Car le Fou Sacré ne craint pas de paraître fou : il sait que le plus fou des fous est bel et bien celui qui se pense sachant et sain d'esprit. Cette facette qui sait se servir de la Médecine de l'humour comme l'une des portes du cœur. Celle qui nous promet remise en question, humilité et prise de recul sur de nombreuses situations, y compris celles qui nous concernent. Vous comme votre Allié·e avez le pouvoir de vous servir du rire, de la joie et de l'humour pour retrouver la connexion, la confiance et la complicité entre vous. Et si vous vous en serviez pour mieux vous observer tous·tes les deux ? Pour mieux déjouer les pièges de vos ego respectifs ? Rire de Moi avec toi, rire de Toi en restant dans l'amour, rire de Nous ensemble, rire de la vie et de ceux qui nous entourent, dans la conscience, dans la douceur, dans la joie et dans le respect. Essayez, vous verrez une vraie magie pour votre lien !

RITUEL

Prenez le temps de vous asseoir l'un·e en face de l'autre en posant la main sur vos cœurs respectifs. Durant une bonne minute, respirez ensemble en suivant le rythme de : inspire sur 4 temps et expire sur 6. Puis vous pourrez dans un second temps prendre une feuille et un stylo et tenter de répondre aux questions suivantes :

- Repensez à une situation qui vous a dernièrement mis·e en colère parce que vous l'avez prise au sérieux.
- Essayez de voir à présent cette même situation sous le spectre de l'humour.
- Qu'est-ce qui aurait pu être dédramatisé ?
- De quoi pouvons-nous rire ensemble ?
- Pourriez-vous tenter – avec amour et sans devenir humiliant·e à votre égard – de rire de vous et de vos comportements ?
- Pourriez-vous tenter – avec amour et sans devenir humiliant·e à l'égard de votre Allié·e – de rire de lui·elle et de ses comportements ?
- Comment pourriez-vous transformer ce moment en souvenir drôle que vous pourriez raconter à d'autres, comme deux humoristes ?

Libre à tes côtés

Le mensonge, la non-authenticité et le manque d'honnêteté témoignent d'une réelle difficulté d'incarner son plein potentiel, sa conscience spirituelle et sa capacité à être en lien et à s'engager. Cela retranscrit aussi souvent un profond manque d'amour inconditionnel à l'égard de soi-même. Par amour, par volonté profonde d'être accepté·e·s et aimé·e·s par notre Allié·e, nous sommes tous·tes susceptibles de nous trahir nous-mêmes. Renier certaines de nos pensées, aller à l'encontre de nos valeurs existentielles et/ou de notre vision du monde pour mieux correspondre aux attentes de notre amoureux·se. Comme si une partie de nous se refusait d'être qui elle est vraiment. Cela peut engendrer de nombreux conflits intérieurs qui nous poussent parfois dans une quête effrénée nous éloignant de nous-mêmes. Nous pouvons alors aller chercher en dehors de notre intériorité et de notre couple ce qui pourrait nous rassurer, nous combler et nous épanouir. Nous nous racontons tous·tes des mensonges tôt ou tard dans notre vie, mais rassurez-vous, cela ne fait pas de nous quelqu'un de mauvais ou de non évolué. C'est une invitation de la part de notre Essence Véritable à nous reconnecter à ce qui fait vraiment sens pour nous. Se dépouiller personnellement dans le but de reconnecter à son Soi Créateur et se donner ainsi la chance d'ouvrir les portes de son cœur avec intégrité, authenticité et liberté.

Lorsque cette carte s'invite dans votre tirage, c'est une proposition. Celle de vous (re)connecter en profondeur à la matrice de vos émotions. (Re)connecter à ce qui se passe en vous à cet instant et accueillir les émotions, les sensations, les désirs, les croyances et les peurs peut-être présents. Une invitation à renouer avec votre liberté intérieure ; celle de pouvoir pleinement rayonner comme vous êtes en honorant votre puissance créatrice et celle de votre couple. Ayez foi en vos ressources personnelles et en celles de votre Allié·e. Ayez foi en la vie et dans les opportunités de croissance et de découvertes mutuelles. Peut-être que vous ressentez en ce moment le besoin de tout contrôler. Ou que vous manquez de confiance en vous-même et/ou en votre Allié·e. Peut-être avez-vous du mal à écouter vos ressentis. Toujours sur vos gardes, une partie de vous semble encore convaincue que vous ne pouvez compter que sur vous-même ou que vous n'êtes pas libre de vous montrer tel·le que vous êtes. Il n'en est rien. Cette carte vous invite à rester fidèle et loyal·e envers votre cœur, et non envers ce que vous pensez que votre Allié·e attend de vous.

Il est temps d'être authentique et d'explorer la maîtrise, cette faculté à se laisser guider par l'amour, la joie et la confiance en la vie et vos propres ressources. La vie vous protège et ne vous veut aucun mal. Ouvrez votre cœur et explorez ces peurs intérieures aux côtés de votre Allié·e (même si vous l'en pensez responsable).

RITUEL

Transformez vos filtres de perception actuels en vous récitant les phrases suivantes : « Aujourd'hui, je me fais la promesse de rester fidèle et intègre à mes valeurs. Les doutes existentiels que je traverse font partie du chemin créateur et sont une opportunité pour moi de me rapprocher un peu plus de ma vérité intérieure. Je fais de la place à mon Allié·e et j'écoute ce qu'il·elle a à me dire. J'accueille et je reçois son amour pour notre bien le plus élevé et celui de notre couple. »

Prenez le temps, tous·tes les deux, de vous créer un espace cocooning pour échanger dans le calme et le respect de ce que vous traversez actuellement.

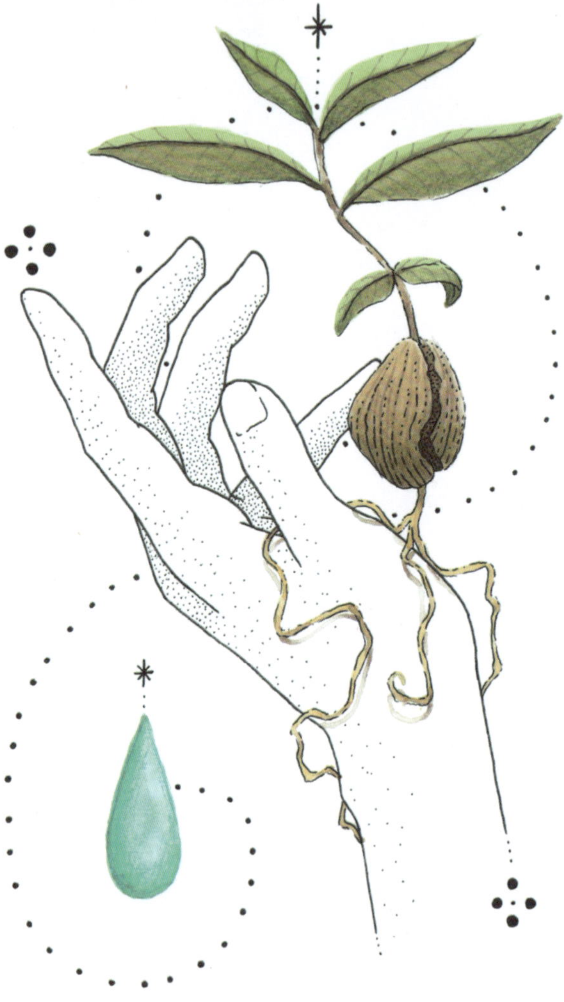

Offrande à toi, mon Allié·e

Il semble toujours beaucoup plus simple d'exiger et de juger le respect des devoirs de notre Allié·e à notre égard, plutôt que de s'atteler aux siens. Aussi surprenant de constater à quel point nous avons souvent tendance à attendre régulièrement de l'autre. Cette attente – sur ces choses dont nous pensons indéniablement avoir besoin pour nous sentir épanoui·e·s dans notre relation – peut également entraîner de nombreuses sources de frustration et nous décentrer de notre capacité à rayonner pour l'autre. Il est évident que nous avons des besoins affectifs et relationnels qui se doivent d'être entendus, respectés et honorés. Connaître ses besoins et ses limites ne peut qu'être une profonde ressource intérieure quand il est question de l'équilibre au sein du couple. Mais lorsque je me décentre de mon besoin d'importance qui peut parfois m'éloigner de Toi, mon Allié·e, alors je m'engage réellement à servir notre union et assouvir des besoins plus spirituels qui me promettent évolution et transformation. Car si l'on décide librement et en conscience de donner encore plus de nous-même en cessant de toujours attendre plus de l'autre, alors on s'offre le cadeau de nourrir d'amour et d'énergie de vie toutes les sphères de notre couple.

Cette carte vous invite ainsi à entrevoir les choses autrement. Elle vous propose de centrer votre attention sur ce que vous choisissez d'offrir aujourd'hui à votre Allié·e, plutôt que de sans cesse attendre de lui·elle. Sortir du : « Pour moi, tu dois », et vous lancer audacieusement dans le : « Pour toi, je m'engage à ». Cela ne signifie pas de vous oublier au détriment de l'autre. Cela ne signifie pas non plus de faire passer les besoins de votre Allié·e avant les vôtres ou de tolérer ce qui n'est pas acceptable pour vous. Simplement de considérer que les besoins de cette personne à laquelle vous tenez tant sont tout aussi légitimes que les vôtres. Peut-être est-il temps pour vous deux de vous ancrer dans votre union via un acte d'amour envers votre relation. Sur les prochains jours, faites plutôt le choix de donner en conscience plutôt que de réclamer constamment.

RITUEL

Chacun·e de votre côté, écrivez une lettre à votre Allié·e. Dans cette lettre que vous daterez du jour de son écriture et que vous signerez, veillez à compléter la phrase suivante :

« Aujourd'hui et par choix conscient d'amour, mon Allié·e, pour toi, je m'engage à… »

Prenez le temps qu'il vous faut et n'hésitez pas en amont à prendre quelques minutes pour respirer profondément et vous connecter à votre cœur. Pratiquez une méditation de gratitude et réalisez tout ce que cette relation et votre Allié·e vous apportent au quotidien. Allumez quelques bougies, un peu d'encens et laissez votre main canaliser les mots d'amour qui viennent des profondeurs de votre âme.

Vous pouvez ensuite lire cette lettre à haute voix en prenant le temps d'accueillir vos émotions et celles de votre Allié·e.

Reflet de mon âme

Au départ, c'est la romance romantique, le voyage amoureux sans nul égal. Ce moment si subtil où l'un·e comme l'autre, et cela malgré nous, nous cherchons à donner le meilleur de nous-même, masquant les contours de nos imperfections et de nos difficultés émotionnelles. Ces premiers mois de douce harmonie au sein desquels il n'existe pas de conflit. Tout est beau, tout est rose, tout est parfait. D'ailleurs, comment avons-nous fait pour vivre l'un·e sans l'autre depuis toutes ces années ? Respectivement, nous nous montrons sous notre plus beau jour en faisant éclater notre lumière. Car quel intérêt que de prendre le risque d'effrayer par sa sensibilité, ses galères et ses peurs secrètes ? Quel intérêt que de s'exposer, s'autoriser à se montrer au sein même de son intimité sous ses aspects les plus inconfortables ?

Bon nombre d'entre nous connaissent bien cette phase de romance romantique, où transfert, déni et projections sont de la partie. Et puis, un beau matin, nous nous réveillons et nous nous surprenons enfin à regarder objectivement la personne qui vit à nos côtés. C'est souvent à ce moment-là que nous réalisons brutalement que nous avons en grande partie projeté sur lui·elle des sentiments que nous éprouvions également à l'égard de nos propres parents. Et nous étions prêt·e·s à tout pour renier les différences et possibles conflits d'intérêts dans le but de préserver l'illusion tant rêvée. Nous avons même projeté sur lui·elle nos propres émotions refoulées de l'enfance, faute de parvenir à les extérioriser. Et, finalement, nous sommes tombé·e·s amoureux·ses d'une image fantasmée, un idéal qui aurait dû combler nos attentes inconscientes et nos besoins insatiables d'enfants. Et c'est exactement à ce moment-là que beaucoup se séparent. Lorsqu'ils ont finalement la sensation désagréable de se regarder dans le miroir. Car l'autre est bien souvent notre propre reflet.

Lorsque cette carte s'invite dans votre tirage, elle vous rappelle que, malgré le goût de l'amertume apparente et de la probable volonté de fuir cette confrontation avec votre Soi refoulé, là est l'opportunité de vous engager réellement dans l'amour vrai. N'attendez pas de votre Allié·e qu'il·elle comble vos incomplétudes. N'attendez pas non plus de lui·elle qu'il·elle change pour vous faire plaisir. Il·elle n'en a pas les moyens et cela serait-il réellement juste ? Ici vous est offerte la chance de votre alliance. Ne plus tomber uniquement amoureux·se du plein, du beau, du parfait, en cherchant en vain à être comblé·e, rempli·e de tous les côtés. Mais, bien au contraire, accueillir et embrasser le vide, l'imperfection, les défauts de fabrication de l'autre pour mieux entrevoir les siens. Car, lorsque le voile de l'illusion tombe et que la fin de l'idéalisation naît, alors seulement pouvez-vous commencer à entrevoir votre Allié·e comme une personne certes incomplète, certes imparfaite, mais profondément vraie. Et si, courageusement, vous vous autorisez à l'accueillir dans cette incomplétude et cette imperfection absolue, alors vous vous offrez le cadeau de votre vie : celui de déposer de l'amour en chacune des parties de vous-même grâce à la Médecine de votre couple. Car, bien souvent, ce qui me dérange chez toi n'est autre que ce que j'ai oublié de moi-même ou ce que je condamne en moi-même.

RITUEL

Avant de pratiquer ce rituel, je vous invite à choisir ensemble deux chansons d'environ 3 à 4 min que vous pourrez mettre en toile de fond. Asseyez-vous l'un·e en face de l'autre, fermez les yeux et commencez par vous recentrer le temps de quelques inspirations. Puis, quand vous vous sentirez prêt·e·s et disponibles, lancez la musique et plongez vos yeux dans ceux de votre Allié·e, et cela jusqu'à la fin de la deuxième chanson que vous aurez choisie. Cela peut vous paraître long, et, à plusieurs reprises, certain·e·s d'entre vous tenteront peut-être de fuir le regard de leur amoureux·se. Se regarder, profondément, véritablement, c'est plonger dans le cœur de l'âme de l'être aimé et, pour certain·e·s, cela peut être effrayant. Ouvrez-vous à cette expérience et accueillez chacune des sensations présentes, que vous les jugiez agréables ou non. Vous pouvez vous mettre à rire, à pleurer, à tousser, à grimacer, cela n'a pas d'importance. Le but du jeu est simplement de ne pas lâcher les yeux de votre Allié·e et d'accueillir tout ce qui se passe en vous et en lui, avec amour et compassion. Une fois la chanson terminée, partagez votre expérience avec votre Allié·e.

Réinvestir notre présent

Deux Allié·e·s peuvent parfois finir par réaliser avec brutalité qu'ils·elles passent à côté l'un·e de l'autre depuis bien trop longtemps. Les enfants, le boulot, les repas entre amis, la famille, les soucis, la fatigue, les courses, le ménage, le passé à nettoyer, le futur à anticiper... Oui, ça va vite de faire de son Allié·e quelqu'un qui ne semble plus être l'une de nos priorités.

Alors, bien souvent, on négocie intérieurement : parce qu'il·elle m'aime et que je l'aime, il·elle peut bien comprendre que : ce soir, je suis fatigué·e, aujourd'hui j'ai fini plus tard que prévu, demain nos ami·e·s viennent manger, après-demain les enfants ont leurs activités, le week-end prochain on va rendre visite à mes parents, le mois prochain je suis en déplacement.

Mais n'oublions pas que la relation s'étiole si nous n'en prenons pas soin. Et cet·te Allié·e amoureux·se qui passe un temps fou à développer patience, souplesse et indulgence finira tôt ou tard par réclamer légitimement plus de présence. Il est si important de prendre au sérieux la nécessité d'investir sa Présence au sein même de son couple. Et cela passe par être en Présence au présent. Que voyez-vous à cet instant ? Qu'entendez-vous à cet instant ? Que ressentez-vous à cet instant ? Et, surtout, avec qui êtes-vous à cet instant ? Il est vrai qu'un amour sûr permet plus aisément de partir à l'aventure, mais si j'oublie d'où je viens, je risque de me perdre en chemin.

Lorsque cette carte s'invite dans votre tirage, elle vous rappelle au lien dans la Présence. Elle vous invite à vous recentrer ensemble dans l'ici et maintenant. Votre Allié·e est précieux·se, tout comme vos moments à deux. Et pourtant, c'est peut-être lui·elle et ces fameux moments amoureux que vous faites sauter en premier lieu lorsque vous pensez manquer de temps. Éparpillé·e·s l'un·e comme l'autre, peut-être êtes-vous en train de passer à côté de votre relation qui nécessite aujourd'hui toute votre attention. Vous êtes donc invité·e·s en ce jour à pratiquer la pleine présence à l'égard de votre amour pour vous accueillir mutuellement dans l'instant. Vous offrir le cadeau d'être là pour de vrai. Et vous rappeler qu'il est peut-être temps pour vous de faire de votre Nous une plus grande priorité dans votre vie de tous les jours.

RITUEL

Assis·e l'un·e face à l'autre, vous êtes invités à méditer durant une dizaine de minutes en réalisant, dans un premier temps, un scan corporel. Partez du bout de vos orteils et remontez jusqu'au sommet de votre crâne, en observant ce qui est là. Soyez attentif·ve·s à toutes les microsensations et perceptions qu'il vous est donné d'éprouver. Puis, dans un second temps, réalisez un scan émotionnel en partant du sommet de votre crâne jusqu'au bout de vos orteils. Voyez quelles émotions sont présentes aujourd'hui. Observez leur forme, leur couleur, leur texture, peut-être même leur odeur. Et laissez-leur pleinement la place d'être. Tout ce qui se présente à vous, en vous, est juste et là pour une bonne raison.

Une fois fait, échangez l'un·e avec l'autre sur ce que vous venez d'apprendre sur vous-même à cet instant.

Tu te rappelles ?

Le premier couple qui va profondément infuser la manière dont nous allons concevoir le monde, et plus particulièrement les relations, est avant tout le couple parental. Ce n'est plus un secret pour personne. Que l'on ait grandi auprès de papa et maman, de beau-papa et belle-maman, sans papa ou sans maman, dans les berceaux de l'amour ou les tempêtes des déchirements, chacune de ces situations aura un impact sur nous, bien au-delà de notre conscience. Ainsi, au travers du lien que nous allons entretenir avec nos figures d'attachement, des schémas transgénérationnels observés depuis l'enfance et légués via nos lignées, de l'éducation, des règles et devoirs implicites de notre famille et du lien que nous avons entretenu ou non avec notre mère, nous allons développer un certain tempérament. Surtout et notamment concernant l'entretien et le maintien de nos relations affectives. Chaque être humain de cette Terre se déploie activement dans le but d'aimer et d'être aimé. De fait, lorsque le lien semble en danger, dans le cadre de conflits, de silence, de violence émotionnelle ou de séparation, pour bon nombre d'entre nous, cela s'apparente à une quête de survie. Le lien, plus que tout, malgré tout, devient notre source d'occupation première et son maintien, une nécessité absolue.

Lorsque cette carte apparaît dans votre tirage, elle vous invite à poser votre attention sur vos comportements liés à la perte du lien. Au sein du couple, chacun·e des Allié·e·s a appris d'une façon ou d'une autre à vivre la relation. Et, en fonction des situations – et particulièrement face à la perte de cette dernière et/ou à des déconnexions émotionnelles et affectives prolongées –, nous mettons tous·tes en place des stratégies de survie bien souvent instinctives et majoritairement inconscientes dans le but de nous protéger et de protéger la relation à laquelle nous tenons. Ainsi, certain·e·s emploient des réponses antirelationnelles bruyantes pour alarmer leur Allié·e, je les prénomme les *Intimistes*[1]. Ils·elles se battent pour la reconnaissance, cherchent par tous les moyens à obtenir une réponse de cet·te autre qui semble temporairement les délaisser. Comme quand ils·elles étaient enfants, ils·elles s'accrochent, car la distance dans le lien est ce qui les terrifie le plus. Tandis que d'autres ont plutôt tendance à adopter des réponses antirelationnelles

1. *Quand le couple répare*, Maureen Mellet, *op. cit.*

fuyantes, je les prénomme les *Échappés*[2]. Ils·elles se referment sur eux·elles-mêmes ; silencieux·ses et craintif·ve·s, ils·elles se réfugient dans le silence, priant pour ne pas être dérangé·e·s, cherchant le moins possible à s'impliquer dans ces face-à-face qui leur paraissent violents. Ils·elles esquivent la confrontation et la connexion, parce qu'être trop proche de toi peut être dangereux pour moi. Et puis il y a ceux·celles qui réagissent avec la plus grande des ambivalences, ceux·celles dont il est souvent difficile d'anticiper les réponses, les *Danseurs*[1]. Il est fondamental que vous compreniez que ces différentes réactions drastiquement opposées concentrent leurs forces dans la même direction : maintenir le lien et protéger le Nous ! Vous avez juste appris à le faire différemment au cours de vos enfances respectives. Cette carte vous invite à changer de focus :

- Sortir du « Je » et du « Tu » pour ainsi s'inscrire dans le « Nous ».
- Comprendre que l'un·e d'entre vous est peut-être impressionné·e, voire désabusé·e, par les émotions exacerbées de son Allié·e. Et que l'autre est peut-être apeuré·e et révolté·e par le calme et le silence envahissant de son Allié·e.

2. *Quand le couple répare*, Maureen Mellet, *op. cit.*

RITUEL

Assis·e l'un·e en face de l'autre, vous êtes invité·e·s à prendre 5 profondes inspirations et à mettre de la lumière sur les processus qui vous habitent face à la perte du lien. Puis posez-vous les questions suivantes :

- Comment c'était pour moi d'être en lien durant l'enfance ?
- Quel comportement ai-je eu tendance à mettre en place lorsque j'étais plus petit·e et que je cherchais l'attention et l'amour de mes parents ?
- Comment ai-je tendance à me comporter aujourd'hui quand je m'inquiète pour le lien et/ou que je recherche ton amour ?

Vous pouvez ensuite partager vos réponses dans la douceur et l'amour. Puis prononcez la phrase suivante à haute voix l'un·e après l'autre : « Je comprends que chacune de tes réactions – bien que différentes des miennes – soit une volonté de préserver et de maintenir le lien à ta façon. Je comprends que tu ne cherches en rien à me violenter par les critiques et les reproches, ou à me délaisser par la fuite et le silence, simplement à faire en sorte que tout se passe pour le mieux. Je comprends aujourd'hui que nous réagissons différemment lorsque nous craignons ne plus être en lien et qu'il nous est possible d'apprendre à faire différemment. Merci à nous pour cet enseignement ».

Vous pouvez ensuite proposer respectivement de nouvelles façons d'accueillir le conflit et les stratégies d'adaptation qui en découlent, ensemble et en conscience.

Remerciements

Je me souviens encore du jour où je me suis réveillée, un matin, nous étions en camion avec mon Allié, Paul, et je lui ai dit : je vais créer un oracle pour les couples. À cette époque, j'étais un peu frustrée. Le marché des oracles avait beau être en plein essor, je ne trouvais pas de quoi me rassasier pour moi et mon amoureux. Alors, l'idée m'est venue. Pourquoi ne pas créer moi-même mon propre oracle dans lequel je pourrais y mettre tout ce que j'aimerais y voir si je l'avais entre mes mains ?

J'ai donc cherché un(e) illustrateur(trice), un(e) passionné(e). Quelqu'un qui saurait retranscrire avec justesse et profondeur chacun de mes mots, chacune de mes idées, tout en y apportant son énergie, sa singularité, de son cœur et de son âme. Et, ainsi, cela ne serait plus uniquement mon œuvre, mais bel et bien la nôtre. Parmi les nombreuses propositions que j'ai reçues, seulement une a retenu mon attention. Et j'ai su, à la minute où elle m'a contactée et que j'ai pu poser mes yeux sur son travail, que c'était elle. Ce serait Valentine.

Nous avons mis deux ans à le créer de toutes pièces. Deux ans à trouver les titres, écrire les textes, réfléchir aux rituels, mais aussi vibrer chacune des cartes dans nos vies personnelles, dessiner les croquis pour enfin les observer se finaliser. Deux ans à parfois douter, procrastiner et, d'autres fois, à se sentir impatientes et frustrées. Cet oracle a grandi avec nous et nous avons grandi avec lui. Je suis convaincue que nous n'avons pas été seules à porter cette œuvre : nous avons été guidées et accompagnées dans le subtil du début à la fin.

En ce sens, merci l'Esprit de cet oracle du Couple Allié® de s'être manifesté à nous. Merci à la Médecine du Couple® que j'honore et que je salue de toute mon âme.

Merci à mon Allié, mon amour depuis toujours. Merci à ce couple que nous formons, celui qui m'inspire, m'enseigne et m'apprend chaque jour à me servir de notre relation pour grandir et trouver ma place en ce monde.

Merci à toi, Valentine, d'avoir rendu ce rêve possible, merci d'y avoir mis tout ton cœur et ton énergie.

Merci à ceux et celles qui nous feront confiance, ceux et celles qui répondront à l'appel du cœur et à celui de la philosophie Couple Allié®.

Présentation de l'auteure

Maureen Mellet est une femme en chemin, une Alliée amoureuse, une mère et une entrepreneuse. Thérapeute du couple et autrice, elle se passionne depuis petite pour la relation et l'amour. Fervente défenseuse de la protection des enfants, elle estime qu'œuvrer pour le couple, c'est militer activement et permettre aux enfants de demain de grandir dans un environnement familial sécurisant, bien traitant et aimant.

Fondatrice de la Thérapie Couple Allié®, Maureen accompagne aujourd'hui de nombreuses personnes – au travers de thérapies, de stages en immersion, de ses réseaux sociaux et de son livre – à déculpabiliser, se responsabiliser et s'inscrire dans la philosophie Couple Allié®.

Elle entrevoit la relation du couple comme une expérience initiatique et transformatrice. Celle dans laquelle nous avons tous l'opportunité de nous reconnecter à notre Essence, de développer nos compétences relationnelles et de participer activement pour un monde humainement éveillé.

Vous pouvez retrouver son livre *Quand le couple répare* aux éditions Solar.

Elle est également créatrice de contenu sur les réseaux sociaux via son compte :

@maureen_mellet

Vous pouvez retrouver toutes ses infos & actualités via son site Internet :

www.coupleallie.com

Présentation de l'illustratrice

Valentine Bousseau, artiste multifacettes plus connue sous le nom de Nayah, se démarque par son approche particulière de création artistique intuitive ainsi que par sa pratique du tatouage au *hand poke*.

Aventurière dans l'âme, c'est à travers ses cycles de vie et ses voyages que son art s'est affirmé sur divers supports, se révélant en parallèle de sa fascination pour l'étude du comportement humain et de sa relation au monde.

Inspirée par la nature, le cosmique et les secrets qu'ils révèlent, son style trouve sa note particulière par des compositions symboliques ou encore par l'intégration de talismans qu'elle canalise et que l'on retrouve dans ses œuvres.

Amener en conscience, créer et transmuter sont les intentions qui guident son travail. Que ce soit par un accompagnement empathique au sein d'une séance de tatouage ou encore par le dessin et la peinture, son dévouement est de permettre à chacun·e de pouvoir se connecter à son entièreté, à sa sensibilité et à ce qui ne demande qu'à être révélé.

@nayah.art

pca
cmb
édition pré-presse
livres numériques

44400 Rezé